The World's Fastest Machines

capstone
classroom

BTR Zone (Bridge to Reading) is published by Capstone Classroom, 1710 Roe Crest Drive, North Mankato, Minnesota 56003 www.capstoneclassroom.com

ISBN: 978-1-62521-096-8

Editorial Credits

Christine Peterson, editor; Bobbie Nuytten, designer; Eric Gohl, media researcher

Photo Credits

Corbis: epa/Kamil Krzaczynski, 29; Dreamstime: Natursports, 25; DVIC: USAF/ SSGT Samuel Rogers, 42 (bottom), USAF/TSGT Arian Nead, 15, USAF/TSGT Michael Haggerty, 16; Fotolia: Y. L. Photographies, 12; Getty Images: David Madison, 18 (back), Fast Bikes Magazine/Jonny Gawler, 26; NASA: 38–39, 41, 43; Newscom: Imago Sportfotodienst, 35, Polaris/Alain Ernoult, 36–37, WENN Photos/ZOB/CB2, 32–33, ZUMA Press/Sutton Motorsports, 18 (inset); Shutterstock: Action Sports Photography, 4, 21, Darren Brode, cover, 30–31, Jeffrey Liao, 7, Max Earey, 23, 42 (top); Wikipedia: Jazon88, 8, Public Domain, 10, 13

Design Elements: Shutterstock

About the Cover

Hydroplanes race across the Detroit River as part of the APBA Gold Cup Race Finals.

Printed in the United States of America in North Mankato, Minnesota.
032013   007223CGF13

TABLE OF CONTENTS

CHAPTER 1
High-Speed World...................... 5

CHAPTER 2
Speed in the Sky...................... 11

CHAPTER 3
Fast Wheels........................... 19

CHAPTER 4
Wild in the Water 30

CHAPTER 5
Fast Moves............................ 36

Fast, Faster, Fastest!.................. 42
Read More............................. 44
Internet Sites 44
Glossary of Text Features 45
Glossary.............................. 46
Index................................. 48

CHAPTER 1

High-Speed World

Ready ... Set ...

Before you can say go, these machines are speeding off! The extreme machines in this book are fast and powerful. They race around tracks, zip along the ocean, and blast across the sky. But where do these machines get their super speed? Go behind the scenes and discover what makes these machines run.

Race cars hit speeds of more than 200 miles (322 kilometers) per hour.

The Fastest Elevator

How fast could the world's fastest elevator be? Pretty fast—it races upward faster than most city speed limits!

The fastest elevator is in the Taipei 101 building in Taiwan. It rises at 3,314 feet (1,010 meters) per minute. The first elevator, built in 1857, climbed just 40 feet (12 m) per minute.

A powerful driving system helps the Taipei 101 elevator reach top speeds. This system includes a high-powered **traction** machine that was developed just for this elevator.

The Taipei 101 elevator is nearly soundproof. The floor and tiles inside the elevator cut down on noise. Its outside has a noise-reducing cover. There is less noise inside this elevator than in most cars traveling at the same speed.

traction · gripping power

The Taipei 101 skyscraper in Taiwan stands 1,671 feet (509 m) from its base to its tip.

Amazing Fact

The elevator in the Taipei 101 building can reach a top speed of 38 miles (61 km) per hour.

Rad Roller Coasters

"Arms down, head back, and hold on." Roller coasters are known for their daring drops and sharp turns. But two have also taken riders on record-breaking speed rides.

Formula Rossa reaches a top speed of 150 miles (240 km) per hour in just 4.9 seconds. The world's fastest coaster is located in the country of United Arab Emirates. It races along a 1.4 mile (2.3 km) track.

Formula Rossa cars are launched down a straight track before hitting the coaster's peaks and turns.

The coaster uses a **hydraulic** launch system to reach top speed. In a hydraulic system, fluid is pushed through pipes creating pressure. To push the coaster forward, the main cars are attached to a launcher. Pressure builds in the launcher. When the pressure is released, it drives several motors. These motors push the coaster forward at a high rate of **acceleration**.

Second in speed only to Formula Rossa, the Kingda Ka is the world's tallest roller coaster. In under a minute, the coaster takes riders up 465 feet (142 m). Located in New Jersey, this "scream machine" goes from 0 to 128 miles (206 km) per hour in 3.5 seconds! Magnetic breaks bring the ride to a smooth stop.

hydraulic · having to do with a system powered by fluid forced through pipes or chambers

acceleration · the change in speed of a moving body

F-15 fighters are designed for combat missions.

CHAPTER 2

Speed in the Sky

Military airplanes soar across the sky at top speed. These fighters are the world's fastest aircraft. Some military planes are used in battles. Fast military planes can quickly reach enemy targets. Their speed helps them avoid being shot down by enemy planes.

Military planes also take on **reconnaissance** missions. A plane's crew watches an enemy's actions. Crew members fly their planes high above the ground, making it difficult for enemies to find them.

Some military forces build experimental planes. Engineers test new ideas as they make these planes. Experimental planes are not used in battles. But these planes may help **engineers** build even faster planes in the future.

reconnaissance · a mission to gather information about an enemy

engineer · someone trained to design and build machines, vehicles, bridges, roads, or other structures

Super Speed

On October 14, 1947, a machine went faster than sound can travel. It was the first time a machine broke the **sound barrier**. Sound travels at about 660 miles (1,100 km) per hour. But the Bell X-1 airplane reached 700 miles (1,127 km) per hour.

Captain Charles E. "Chuck" Yeager was the plane's pilot. Yeager broke the sound barrier flying the X-1 at an **altitude** of 43,000 feet (13,000 m). In March 1948 the X-1 beat its own speed record. It reached a speed of 957 miles (1,540 km) per hour.

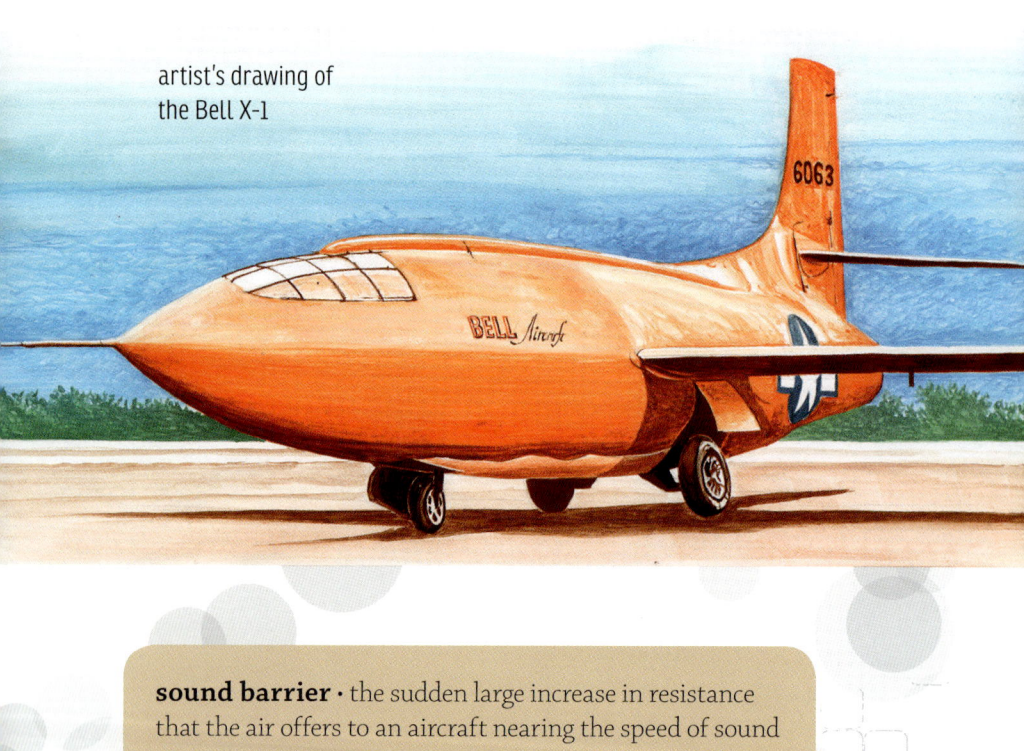

artist's drawing of the Bell X-1

sound barrier · the sudden large increase in resistance that the air offers to an aircraft nearing the speed of sound

altitude · the height of something above sea level or Earth's surface

Some people had thought it would be impossible for a plane to travel so fast. Other planes had fallen apart at much lower speeds. But the X-1's shape was designed to be **aerodynamic** so this would not happen. The plane's long, slim shape looked like a bullet. It had thin, strong wing sections and a horizontal **stabilizer** to improve control. The X-1 was powered by a rocket **propulsion** (power) system.

aerodynamic · built to move easily through the air

stabilizer · a device that stabilizers an aircraft, such as the fixed, horizontal tail on an airplane

propulsion · the thrust or power that makes an airplane or rocket move forward

F-15 Eagle

F-15 Eagles are one of the world's fastest fighter jets. They can fly as fast as 1,875 miles (3,018 km) per hour. Some can reach speeds that are twice the speed of sound. Very few fighter jets can go faster. The F-15 Eagles can also travel from the ground to an altitude of 30,000 feet (9,144 m) in less than 1 minute.

Two **turbofan engines** power the F-15. Each engine can generate about 29,000 pounds (13,000 kilograms) of **thrust**. Thrust moves the plane forward at high rates of speed.

Amazing Fact

The F-15 Eagle has a perfect air-combat record. F-15 pilots have earned more than 100 victories against enemy aircraft with no losses.

F-15 Eagle

The F-15 is a high-flying skilled robot. Its central computer is connected to **sensors**. Sensors find and send information. A pilot enters commands. Then the computer decides the best way to follow the instructions. The computer can react to new situations in a split second.

A central **radar** system is mounted on the plane's nose. It can find enemy planes and make maps of ground targets. It can also tell whether a target is moving toward or away from the F-15.

turbofan engine · a jet engine powered by a rotating fan

thrust · the force that pushes a vehicle forward

sensor · an instrument that can detect changes and send the information to a controlling device

radar · a device that uses radio waves to track the location of objects

15

Although it reached super speeds, the Blackbird SR-71 is no longer in use.

Fastest Piloted Plane

The fastest piloted plane was the Blackbird SR-71. It could travel at 2,193 miles (3,530 km) per hour. Passenger airplanes take about seven hours to fly from New York City to London, England. The Blackbird could do the same trip in just under two hours! It flew across the United States from west to east in a record time of 67 minutes, 54 seconds.

The Blackbird's shape helped it travel very quickly. The front end is long and pointed. Its wings are shaped like triangles. Blackbirds are made almost entirely of a strong metal called **titanium**. This metal resists the heat that traveling at high speeds can create.

Blackbirds could also fly higher than other planes. Blackbird pilots had to wear special suits to protect them at high altitudes.

The Blackbird was fast, but costly. It was expensive to run because it used so much fuel. It is now seen only in museums.

Amazing Fact

Blackbird pilots did not need to look out of the windows. Instead the control panel gave them all the information they needed.

titanium · a light, strong metal found in various minerals that is used to make steel

Andy Green (inset, below)
piloted the ThrustSSC.

Amazing Fact

It took about 100,00 hours
to build the ThrustSSC.

CHAPTER 3

Fast Wheels

The Fastest Car on Earth

In October 1997 a car went faster than the speed of sound for the first time. Its name was ThrustSSC. SSC stands for **supersonic** car. Jet pilot Andy Green rocketed across the Nevada desert in the SCC. He reached a speed of 763 miles (1,228 km) per hour. The SSC became the first car to break the sound barrier.

The SCC is basically a jet plane without wings. In fact, its two engines were taken from a jet plane.

The SSC was 54 feet (16.5 m) long and weighed 10 tons (9 metric tons). Its four wheels were made of solid metal. Green entered the car through its roof and sat between the engines. While driving, he wore a safety helmet equipped with a gas mask and a fireproof suit. Green launched parachutes to slow down the vehicle.

supersonic · faster than the speed of sound

The Fastest Drag Racers

Top-fuel drag race cars can accelerate faster than almost any other vehicle on Earth. These incredible machines can reach 100 miles (160 km) per hour in less than a second. They can reach a top speed of 330 miles (531 km) per hour. Top-fuel drag racers can cover 0.25 mile (400 m) in about 4.5 seconds. That's about the same distance as one lap on an athletic track.

Supercharged engines power these lightweight cars. Superchargers increase the amount of air in the engine to increase its power.

The Fastest Passenger Car

The Bugatti Veyron is the fastest passenger car you can buy. The Bugatti Veyron can cover the length of a football field in under one second. The Veyron can reach a speed of 253 miles (407 km) per hour. It goes from 0 to 60 miles (0 to 97 km) per hour in less than three seconds. To generate that super speed, the Veyron's engine burns 1.3 gallons (5 liters) of gasoline per minute.

To reach its maximum speed, the car is lowered close to the ground. The Veyron's aerodynamic body helps it stay on the ground at high rates of speed. A hydraulic **spoiler** is also extended. This device creates a **downforce** that keeps the car on the road. The spoiler also acts as an air brake.

spoiler · a winglike device attached to the back of a stock car; spoilers help a stock car's rear tires grip the track

downforce · the force of passing air pressing down on a moving vehicle

Amazing Fact

The Bugatti Veyron is also one of the most expensive cars to own. Veyrons cost about $1.5 million each!

The Fastest Race Motorcycle

The fastest type of motorcycle racing is called MotoGP. The fastest MotoGP bike ever is the Honda RC212V. These motorcycles are built for speed and racing. In 2009 racer Dani Pedrosa reached a record 217 miles (349 km) per hour on this motorcycle.

Amazing Fact

More than 2 million people attended MotoGP races in 2011.

MotoGP bikes are not the same motorcycles you see on the street. These specially built bikes have larger engines that have as much power as a sports car! But unlike a sports car, these motorcycles only weigh about 326 pounds (148 kg).

fairing

The Fastest Road Motorcycle

The Suzuki GSX1300R, or Hayabusa, is the fastest **production** sport bike. Production bikes are sold to the general public. The Hayabusa has reached speeds of 194 miles (312 km) per hour. At that speed, it takes the rider less than 20 seconds to go 1 mile (1.6 km).

Amazing Fact

Hayabusa is the Japanese name for a type of falcon.

Most sport bike engines deliver enough power for the bikes to go from 0 to 60 miles (97 km) per hour in about three seconds. Most production sport bikes have a top speed of more than 150 miles (241 km) per hour.

Like other sport bikes, the Hayabusa's rear wheel is wider than the front wheel. The engine drives the rear wheel. Because the tire has more contact with the road, the engine power can provide quick acceleration.

Low handlebars force riders to lean their upper body forward. This position reduces wind **resistance**. The **fairings** on sport bikes are aerodynamic. Because the air flows around the bike, the motorcycle can accelerate faster.

production · describes a vehicle produced for mass-market sale

resistance · a force that opposes or slows the motion of an object

fairing · the outer covering of a motorcycle that protects the rider and helps the bike cut through the air

High-Speed Electricity

Not all high-speed vehicles run on gasoline. The Buckeye Bullet I used electricity instead. More than 10,000 batteries powered the Bullet.

Many electric cars are quite slow. But the Bullet is known for its speed and length! It is 31 feet (9.4 m) long. These features help it reach high speeds. In October 2004, the Bullet reached speeds of 303 miles (488 km) per hour. It used parachutes to slow down.

Amazing Fact

In 2009 a second version of the Buckeye Bullet hit a speed of 303 miles (488 km) per hour.

The Buckeye Bullet was designed and built by students at Ohio State University.

CHAPTER 4

Wild in the Water

The World's Fastest Boat

Amazingly, the record for the world's fastest boat was set almost 30 years ago. Even more surprising is that the boat was built in its owner's backyard! The boat was made out of plywood and fiberglass and was powered by an old jet engine.

rooster tail

Water Fountain

A hydroplane propeller makes one of the most remarkable sights in boat racing—the rooster tail. A rooster tail is a fountain of water that shoots high into the air behind the boat. Rooster tails are often three times as long as the boats themselves.

Ken Warby built and drove *Spirit of Australia*. It reached an average speed of 318 miles (511 km) per hour. The World Superboat speed record is only 148 miles (238 km) per hour.

Hydroplanes

A hydroplane looks like a giant lobster. This vehicle is part boat and part airplane. Like other boats, it floats on the water. But as it speeds up, air sweeps under the boat's **hull**. The hydroplane then rises above the water. At high speeds, only three parts touch the water—the two **sponsons** and the **propeller** at the back. The sponsons skip back and forth over the waves. They help to balance the hydroplane. The propeller stays in the water and pushes the boat forward.

sponson

hull · the main body of a boat

sponson · a piece that projects from the side of a watercraft

propeller · a set of rotating blades that provide the force to move a craft

MY Ady Gil

The *MY Ady Gil* boat broke the world record for circling the globe in a powerboat. This boat was previously called *Earthrace*. In 2008 Earthrace made a trip around the world in 61 days. It beat the previous record by 14 days. It had a top speed of 46 miles (74 km) per hour.

What powered the boat? Fat! Two engines burned fuel made from natural materials such as plants. Driver Pete Bethune wanted to prove that a boat could break records without using gasoline.

The *MY Ady Gil* is a trimaran style boat. These wave-piercing boats have a main **hull** and two side hulls. Twin propellers are mounted under the main hull. *My Ady Gill's* unique design allowed it to turn at high speed.

Amazing Fact

The *My Ady Gil* cost $2.5 million to build and featured a $10,000 toilet.

Blown Away!

The world's fastest sailing craft is a windsurfing board Over a 1,640-foot (500-m) course in France, Finian Maynard reached a speed of 48.70 **knots**. That is more than 56 miles (90 km) per hour. Knots are a way to measure the speed of a water vehicle.

To reach top speeds, windsurfers use special equipment. The kind of windsurfing boards, sails, and other equipment can vary depending on wind speed.

French Trench

Since 1988 almost every world speed-sailing record has been set on the specially built course at Saintes-Maries-de-la-Mer, France. Racers compete on a 1,640-foot (500-m) course in this French town. The town has a strip of water known as "The French Trench," which was specially built for speed sailing on a windsurfer.

Speed sailing records

YEAR	SAILCRAFT	SPEED (knots)
1993	boat	46.52
2004	windsurfer	46.82
2005	windsurfer	48 .70

Amazing Fact

Going so fast over water can be dangerous. Windsurfers use foot straps to help grip onto the board. A harness helps them hang on.

In light winds, most windsurfers use larger boards with smaller sails that are easier to control. Expert windsurfers may use larger sails to catch more wind and go faster. In strong winds, surfers use smaller boards to move across the water.

knot · an international nautical unit of speed equal to 6,076 feet (1,852 m) per hour

CHAPTER 5

Fast Moves

Jetman

Yves Rossy wanted to go into space. But he didn't want to fly in an airplane or space shuttle. Instead, he built a wing with a jet pack on it. He strapped it to his back and took off.

Rossy worked on his jet pack for 10 years. He made 15 versions. But his hard work paid off in 2008. Yves flew 22 miles (35 km) across the English Channel. He reached a top speed of 186 miles (300 km) per hour. The whole trip took only about 10 minutes.

The Fastest Vehicle on Earth

Check out the fastest vehicle on Earth. The X-43A unmanned, radio-controlled airplane has reached almost 7,000 miles (11,265 km) per hour. When this plane flies at top speed, it is impossible to take its picture.

artist's drawing of the X-43A in flight

A new kind of engine

The X-43A is only 12 feet (3.7 meters) long. It uses rockets to launch from a bigger plane. But its real speed comes from its **scramjet engine**. Air moves quickly through this engine to increase power and speed. If these engines were used on passenger planes, you could fly anywhere in the world within 90 minutes.

scramjet engine · a type of engine in which the oxygen needed to power the engine comes from air passing through the vehicle

39

Out of this World

Here's a speed that's out of this world. A space shuttle could blast off into the sky with a top speed that was more than double that of the fastest plane. Space shuttles reached speeds of 17,500 miles (28,000 km) per hour.

Each space shuttle was 184 feet (56 m) long. That's longer than three school buses. The shuttle could weigh up to 4.5 million pounds (2 million kg) at takeoff, depending on its mission.

To lift off, two twin rocket boosters ignited, pushing the shuttle toward space. Pushing off from Earth so fast created pressure from **gravity** known as **g-forces**. Astronauts had to wear special "g-suits" so they didn't get sick.

gravity · a force that pulls objects with mass together; gravity pulls objects down toward the center of Earth

g-force · the force of gravity on a moving object

Shuttle Missions

Five U.S. space shuttles conducted 135 space flights between 1981 and 2011. More than 355 people have ridden these shuttles into space. NASA ended the space shuttle program in 2011.

rocket booster

The Space Shuttle Endeavour blasts off on a mission in 2011.

Fast, Faster, Fastest!

Fast—Veyron

Top Speed!

253 miles (407 km) per hour

Faster—F-15

Top Speed!

1,875 miles (3,018 km) per hour

Fastest—Space Shuttle

Top Speed!
17,500 miles
(28,000 km)
per hour

Read More

Hetrick, Hans. *Hydroplanes.* Full Throttle. Mankato, Minn.: Capstone Press, 2011.

Parker, Steve. *Speed Machines.* How It Works. Broomall, Pa.: Mason Crest Publishers, 2011.

Sexton, Colleen. *Space Shuttles.* Exploring Space. Minneapolis: Bellwether Media, 2010.

Young, Jeff C. *Motorcycles: The Ins and Outs of Superbikes, Choppers, and other Motorcycles.* RPM. Mankato, Minn: Capstone Press, 2010.

Internet Sites

FactHound offers a safe, fun way to find Internet sites related to this book. All of the sites on FactHound have been researched by our staff.

Here's all you do:
Visit *www.facthound.com*
Type in this code: 9781625210982

Check out projects, games and lots more at
www.capstonekids.com

Glossary of Text Features

Text Feature	How to Use It
Caption: A word or group of words shown with a picture or illustration	Read a caption to understand information that may not be in the text.
Diagram: A drawing that shows or explains something	Examine a diagram to understand steps in a process, how something is made, or the parts of something.
Glossary: List of key terms with their meanings	Look up key terms in the glossary to find their meanings and to get a better understanding of the topic of the text.
Index: Alphabetical list of key terms, names, and topics in a text with their page numbers	Use the index to find pages that contain information you are looking for.
Map: A drawing that represents a place, such as a country or city	Use a map to understand relative locations and determine where events took place.
Photograph or Illustration: Visuals that are created by cameras or drawn	Examine photographs and illustrations to better understand ideas in the text that might be unclear.
Subhead: Word or group of words that divides the text into sections and tells the main idea of a section	Use subheads to locate information in the text and understand how a text is organized.
Table: Represents data in a small space	Examine a table to understand data or to compare information in the text.
Table of Contents: List of the major parts of the book and their page numbers	Use a table of contents to locate general information in the text and see how the topics are organized.
Text Box: A box in the text that provides extra information about a topic	Read a text box to understand interesting or important information.
Text Style: Bold, color, or italic words in the text	Pay attention to bold, italic, and color words to figure out which words in the text are important.
Timeline: Shows events in the order in which they occurred	Use a timeline to understand the order in which events occurred or how one event led to another.

Glossary

acceleration (ak-sel-uh-RAY-shuhn) • the change in speed of a moving body

aerodynamic (air-oh-dye-NA-mik) • built to move easily through the air

altitude (AL-ti-tood) • the height of something above sea level or Earth's surface

downforce (DOUN-fors) • the force of passing air pressing down on a moving vehicle

engineer (en-juh-NEER) • someone trained to design and build machines, vehicles, bridges, roads, or other structures

fairing (FAYR-ing) • the outer covering of a motorcycle that protects the rider and helps the bike cut through the air

g-force (JEE FORSS) • the force of gravity on a moving object

gravity (GRAV-uh-tee) • a force that pulls objects with mass together; gravity pulls objects down toward the center of Earth

hull (HUHL) • the main body of a boat

hydraulic (hye-DRAW-lik) • having to do with a system powered by fluid forced through pipes or chambers

knot (NOT) • an international nautical unit of speed equal to 6,076 feet (1,852 meters) per hour

production (pruh-DUHK-shuhn) • describes a vehicle produced for mass-market sale

propeller (pruh-PEL-ur) • a set of rotating blades on a vehicle

propulsion (pruh-PUHL-shuhn) • the thrust or power that makes an airplane or rocket move forward

AF208223

1 Ernährung bei akuter Pankreatitis

Diese Empfehlungen bitte immer mit Ernährungsberater/in, Arzt oder Diätologen/in absprechen! Die Rezepte und Zutatenlisten unterstützen die medizinischen Therapien.

Die Kalorienangaben frischer Zutaten (Obst und Gemüse) und die Inhaltsstoffe schwanken je nach Qualität und Erntezeit. Die Inhalte wurden von einer Diätologin und einer Ernährungsberaterin für die Traditionelle Chinesische Medizin (TCM) geprüft.

Autor:
©2022 Josef Miligui
Liebe Leserinnen und Leser, ich wünsche Ihnen viel Erfolg und gutes Gelingen bei der Umstellung Ihrer Ernährung. Dieses Buch wurde aus eigener Erfahrung mit Krankheit und Ernährung geschrieben und ich habe schon immer das Zubereiten guter Speisen geschätzt. Wenn Sie nicht so geübt sind im Kochen, empfiehlt sich ein Kurs bei Ernährungsberatern oder Diätologen, die Ihnen die Grundlagen der Kochmethoden sowie die richtige Verarbeitung der Zutaten vermitteln können. Anhand der Lebensmittellisten aus diesem Buch können Sie weitere Rezepte entwickeln und entdecken.

Quelle:
Die Listen werden aus der EBNS-Datenbank für die Ernährungsberatung generiert. Die Datenbank wird von Ernährungsberater, Therapeuten und Ärzte für die Beratung der Patienten/Klienten verwendet und ermöglicht eine Kombination mehrerer Syndrome.

Literaturliste:
Wir haben die Unterlagen als Wissensbasis genutzt und an unsere Erfahrungen angepasst und ergänzt.
www.ebns.at

Herstellung und Verlag:
BoD – Books on Demand, Norderstedt
ISBN: 9783842368378

DIÄTETIK - Gastrointestinaltrakt - Bauchspeicheldrüse - Akute Pankreatitis (Entzündung der Bauchspeicheldrüse)
(Buch: 014)

1 Ernährung bei akuter Pankreatitis 1
   1.1 Vorwort 4
   1.2 Beschreibung 6
   1.3 Therapiestrategie 7
   1.4 Vermeiden 7
2 Speiseplan 8
   2.1 Frühstück 8
   2.2 Jause 8
   2.3 Mittag 8
   2.4 Nachmittag 9
   2.5 Abend 9
3 Rezepte 11
   3.1 Aufgeschlagene Banane 11
   3.2 Brennnessel mit Mangold Suppe 11
   3.3 Cranberrisaft 12
   3.4 Erdbeersuppe mit Melonen 12
   3.5 Gefrorener Ananassaft 13
   3.6 Gemüse-Kartoffel-Fleisch-Brei 13
   3.7 Geriebener Apfel 14
   3.8 Geröstete Hirse mit Stangensellerie 14
   3.9 Gerstenbrei mit Beeren 15
   3.10 Gerstenschrotsuppe 16
   3.11 Getreidekaffee mit Kardamom 17
   3.12 Grießsuppe mit Gemüse 17
   3.13 Grundrezept für eine nahrhafte Gemüsebrühe 18
   3.14 Grundrezept für eine Reissuppe (Congee) 19
   3.15 Hafer-Congee 19
   3.16 Heidelbeermus 20
   3.17 Karotten- Reisschleimsuppe 20
   3.18 Kompott aus Äpfeln 21
   3.19 Kompott aus Rhabarber 21
   3.20 Kürbis-Joghurt-Suppe 22
   3.21 Mango-Bananen-Joghurt-Drink eiskalt 23
   3.22 Nudel-Auflauf mit Quark und Pfirsichen 23
   3.23 Obstsaftgetränk 24
   3.24 Polenta mit Pfirsich 25
   3.25 Preiselbeer-Joghurt-Mix 25
   3.26 Reis mit Pastinake 26
   3.27 Reis-Congee mit Karotten und Fenchel 26

3.28   Rhabarber-Apfel-Grütze 27
3.29   Rosmarinkartoffeln 28
3.30   Schwarzwurzel mit Joghurt................................ ... 28
3.31   Spargelcremesuppe 29
3.32   Tee aus Grüntee.. 30
3.33   Tee aus Hijiki-Algen.. 30
3.34   Tee aus Ingwer mit Honig................................... 31
3.35   Tee aus Rooibos 31
3.36   Tee aus Schwarztee (Russischer Tee) 32
3.37   Tee aus Wacholderbeeren 33
3.38   Teemischung gegen allgemeine Erschöpfung 33
3.39   Überbackenes Chicoréegemüse 34
3.40   Vitamindrink.. 34
3.41   Zucchini-Grieß-Cremesuppe 35
4   Wirkung der Lebensmittel.. 36
    4.1   Zutaten verwenden: empfehlenswert 36
    4.2   Zutaten verwenden: ja....................................... 37
    4.3   Zutaten verwenden: wenig 40
    4.4   Kontraindikativ wirkende Lebensmittel nicht verwenden 41
5   Komplementär 44
    5.1   Einreibung 44
        5.1.1   Chili Schoten 44
    5.2   Heil-Tee (Aufguss) 44
        5.2.1   Rooibos 44
        5.2.2   Schiefer Schillerporling, Chaga oder Tschaga 44
    5.3   Kaltauszug (Mazerat) 45
        5.3.1   Sennesblätter 45
    5.4   Komplementäre Anwendung............................... 45
        5.4.1   Akupunktur 45
        5.4.2   Apitherapie 46
        5.4.3   Enzympräparate...................................... 46
        5.4.4   Hyperthermie... 47
        5.4.5   Klangschalentherapie 48
        5.4.6   Lichttherapie... 48
    5.5   Speisezugabe... 48
        5.5.1   Gelbwurz (Kurkuma) 48
    5.6   Verschiedene Möglichkeiten 49
        5.6.1   Mariendistel 49
6   Grundlagen der Ernährung... 50
    6.1   Ernährung... 50
    6.2   Rezepte 52
    6.3   Lebensmittel 53
    6.4   Kräuter.. 54

7   Weitere Ernährungsvorschläge 55

1.1   Vorwort

Die Weltgesundheitsorganisation (WHO) davon spricht, dass bis zu 80% der Erkrankungen durch äußere Faktoren wie Ernährung, Lebensstil, Umweltgifte und dergleichen beeinflusst werden.

Welche Faktoren also jeder einzelne von uns aktiv beeinflussen kann und somit seine Chancen auf Erhöhung der allgemein Gesundheit erzielen kann, darum geht es auf den folgenden Seiten.

Der Fokus in diesem Buch liegt auf dem Faktor mit der größten Hebelwirkung - der Ernährung.
Schon Hippokrates hat einst gesagt "Lass die Nahrung deine Medizin sein und Medizin deine Nahrung!" Kräuterpädagog:innen heute sagen so: "Es gibt für jede Krankheit das richtige Kraut."

Egal wie wir es drehen und wenden, wir sind was wir essen (und was unser Essen gegessen hat). Der moderne Mensch sieht sich gerne isoliert von seiner Umwelt. Wir entstehen aus unserer Umwelt, wir leben inmitten von ihr und wenn wir sterben gehen wir wieder in unsere Umwelt über. Während wir leben essen wir das, was in unserer Umwelt wächst (oder in Fabriken chemisch erzeugt wird). Diese Nahrung liefert die Energie und Bausteine, für den eigenen Körper, für den Stoffwechsel, Zellerneuerung, den Hormonhaushalt und damit für unser gesamtes Sein, die Gesundheit und unser Empfinden.

Hier ein paar Grundbausteine, bevor in dem Buch noch näher auf Ernährungsfaktoren eingegangen wird, die sozusagen der kleinste gemeinsame Nenner der meisten Ernährungsphilosophien sind:

- Saisonalität
  - Winterpflanzen, wie zum Beispiel verschiedene Kohlgewächse, versorgen uns mit Unmengen von Vitamin C und Bitterstoffen. Zwei Faktoren, die unser Immunsystem bei der Abwehr von der Kälte und den typischen Infekten in der Winterzeit unterstützen.
  - Sommerpflanzen wie zum Beispiel Gurken, Tomaten aber auch Zitrusfrüchte kühlen unseren aufgeheizten Körper und versorgen uns mit viel Wasser.

- o Außerdem müssen bei saisonalen Pflanzen weniger chemische Helferlein eingesetzt werden, da die passenden Umweltfaktoren das Wachstum sowieso fördern.
- Regionalität
  - o Damit einher geht auch der Faktor der Regionalität. Regionale pflanzliche Lebensmittel werden reif geerntet und haben somit alle Nährstoffe entwickeln können. Im Gegensatz dazu wird Obst und Gemüse aus ferneren Ländern unreif geerntet und nur durch den Einsatz von chemischen Mitteln unnatürlich "nachgereift" - bzw. nur nach-gefärbt. Die Dichte der Nährstoffe und auch der Geschmack kann dabei niemals mit regionalen Lebensmitteln mithalten. (Sie haben es vielleicht schon selber erlebt, dass eine Südfrucht aus dem jeweiligen Ursprungsland dort im Urlaub viel süßer und vollmundiger schmeckt als die gleiche Frucht aus dem zentraleuropäischen Supermarkt).
- Pflanzenbasierte Ernährung
  - o Ja, diese Basis teilen selbst die Anhänger der Fleischdiät mit den Veganern. Denn bei der Fleischdiät geht es auch um Fleisch von Tieren, die sich artgerecht, sprich von vielen Gräsern und Kräutern ernährt haben. Die Masse an Getreide in der heutigen Ernährung - egal ob bei Mensch oder Tier - entspricht nicht der natürlichen Ernährungsweise. Sie macht uns krank, dick und manche behaupten sogar dumm (das weist auf die Schädigung der neuronalen Netzwerke hin, die durch den Konsum von Kohlenhydraten passiert hin). Pflanzen im Sinne von Gemüse, Kräutern, Salaten, Sprossen, in geringen Mengen Obst, Nüsse, Samen, etc. liefern neben den viel beschriebenen Vitaminen und Mineralstoffen vor allem sekundäre Pflanzenstoffe, die herausragende Heilwirkung haben. So werden eine Vielzahl unserer Medikamente auf Basis der natürlich vorkommenden Pflanzenstoffe nachgebaut. Allerdings sind da diverse Säuren und andere Wirkstoffe extrahiert und wirken nur alleine - mit den Pflanzen selbst nehmen wir sie in einer reichhaltigen und sich gegenseitig verstärkenden Kombination vielerlei wirksamer Stoffe zu uns.

Ja zusätzlich zu diesen 3 großen Punkten gibt es immer noch sehr viel zu beachten. Ein optimales Verhältnis von Omega 3 zu Omega 6 Fettsäuren (empfohlen wird 1:3), eine individuell und situationsbedingte Eiweißversorgung und so weiter.

Eine ganz gute und einfache Richtlinie für die alltägliche Ernährung bietet der ideale Teller. Der sieht so aus, dass möglichst jede Mahlzeit zur Hälfte aus pflanzlichen Bestandteilen besteht, ein Viertel der Eiweißversorgung dient und ein Viertel die Mahlzeit durch gute Fette und eventuell Kohlenhydrate abrundet.

Die Feinjustierung rund um die Zubereitungsarten, die Zusammenstellungen und so weiter sehe ich als sehr individuell an. Es gibt meines Erachtens nicht die 1 perfekte Ernährung. Es gibt so viele großartige Philosophien und Studien, die alle wunderbare Heilungen berichten und sich dabei aber gegenseitig ausschließen. Was auf den ersten Blick vielleicht paradox wirkt, eröffnet bei näherer Betrachtung ganz viele Möglichkeiten des Probierens und neuer Chancen.

Neben der Ernährung werden noch folgende Faktoren genannt:
- die Giftstoffbelastung in unserer Umwelt sowie in Pflegeprodukten oder eben in der Ernährung
- eine Balance aus Aktivität, (kurzzeitigem) Stress und der Entspannung wie auch Schlaf
- Aufarbeitung der emotionalen Wunden aus der Vergangenheit und Steigerung der Resilienz
- Biologische Zahnheilkunde
- eine optimierte Versorgung durch Heilkräuter, Heilpilze udgl.
- Früherkennung durch bewährte und schonende Verfahren

1.2 Beschreibung

Entzündung der Bauchspeicheldrüse, Gefahr der Selbstverdauung (Autodigestion) des Organs durch die Aktivierung von gespeicherten Verdauungsenzymen
Ursachen: Abflussbehinderungen (z.B.: Gallensteine, Engstellen) Alkoholabusus
Symptome: Heftiger, plötzlich einsetzender Schmerz im Oberbauch (gürtelförmiger Schmerz) Abfall des Blutdruckes Lipase und Amylase (Verdauungsenzyme) im Blut stark erhöht ---> Gefahr eines Darmverschlusses

1.3 Therapiestrategie

Stufe 1 (nach ärztlicher Verordnung):
Nahrungskarenz: keine orale Nährstoff- und Flüssigkeitszufuhr
Stufe 2 (1. Tag):
Kohlenhydrate: gesüßter Tee, Zwieback, Schleimsuppe
Stufe 3 (2. - 4. Tag):
fettarmes Protein: Magermilchprodukte, Weißbrot, Fleisch und Fisch (fettarm) fettlos zubereitet
Stufe 4 (5. - 7. Tag):
Ballaststoffe: ballaststoffreiche Lebensmittel, Kartoffeln, Gemüse, größere Portionen
Stufe 5 (8. - 15 Tag):
Fettzulage in kleinen Portionen: Käse (fettarm), Ei, Fleisch und Fisch
Stufe 6 (16. - 21 Tag):
leichte Vollkost: fein vermahlene Vollkornprodukte, keine Rohkost, keine blähenden Gemüse und Hülsenfrüchte; 6 – 8 kleine Mahlzeiten, die schonend zubereitet sein sollten: Garen und Dünsten, Braten mit wenig Fett.
Nach dem Abklingen der Symptome wird in der Regel eine leichte Vollkost oder Normalkost verordnet.
Tee und Kaffee am besten zuckerfrei genießen.

1.4 Vermeiden

Alkohol, fette Speisen, Zucker.

2 Speiseplan

2.1 Frühstück

Cranberrisaft 43,5
Gemüse-Kartoffel-Fleisch-Brei 127,4
Geriebener Apfel.. 120,0
Geröstete Hirse mit Stangensellerie.......................... 400,1
Gerstenbrei mit Beeren.. 112,6
Gerstenschrotsuppe 265,4
Getreidekaffee mit Kardamom..................................... 3,6
Grießsuppe mit Gemüse... 105,5
Hafer-Congee 162,1
Karotten- Reisschleimsuppe..................................... 101,0
Kompott aus Äpfeln 67,3
Kürbis-Joghurt-Suppe.. 68,2
Nudel-Auflauf mit Quark und Pfirsichen 442,4
Obstsaftgetränk 175,5
Polenta mit Pfirsich 197,2
Preiselbeer-Joghurt-Mix.. 57,1
Reis mit Pastinake 206,5
Reis-Congee mit Karotten und Fenchel 131,6
Rhabarber-Apfel-Grütze 180,0
Rosmarinkartoffeln.. 188,7
Tee aus Grüntee.. 3,0
Tee aus Hijiki-Algen... 0,7
Tee aus Ingwer mit Honig... 4,9
Tee aus Schwarztee (Russischer Tee) 7,9
Tee aus Wacholderbeeren 10,9
Vitamindrink 172,1

2.2 Jause

Gerstenbrei mit Beeren.. 112,6

2.3 Mittag

Brennnessel mit Mangold Suppe................................ 52,1
Cranberrisaft 43,5
Erdbeersuppe mit Melonen 87,0

Gefrorener Ananassaft 29,5
Gemüse-Kartoffel-Fleisch-Brei 127,4
Geriebener Apfel 120,0
Geröstete Hirse mit Stangensellerie 400,1
Gerstenschrotsuppe 265,4
Getreidekaffee mit Kardamom 3,6
Grießsuppe mit Gemüse 105,5
Hafer-Congee 162,1
Heidelbeermus 10,9
Karotten- Reisschleimsuppe 101,0
Kompott aus Äpfeln 67,3
Kompott aus Rhabarber 48,2
Kürbis-Joghurt-Suppe 68,2
Mango-Bananen-Joghurt-Drink eiskalt 121,4
Nudel-Auflauf mit Quark und Pfirsichen 442,4
Obstsaftgetränk 175,5
Polenta mit Pfirsich 197,2
Preiselbeer-Joghurt-Mix 57,1
Reis mit Pastinake 206,5
Reis-Congee mit Karotten und Fenchel 131,6
Rhabarber-Apfel-Grütze 180,0
Rosmarinkartoffeln 188,7
Schwarzwurzel mit Joghurt 319,2
Spargelcremesuppe 240,0
Tee aus Grüntee 3,0
Tee aus Hijiki-Algen 0,7
Tee aus Ingwer mit Honig 4,9
Tee aus Schwarztee (Russischer Tee) 7,9
Tee aus Wacholderbeeren 10,9
Überbackenes Chicoréegemüse 230,9
Vitamindrink 172,1
Zucchini-Grieß-Cremesuppe 146,0

2.4 Nachmittag

Aufgeschlagene Banane 144,0

2.5 Abend

Cranberrisaft 43,5
Erdbeersuppe mit Melonen 87,0
Gefrorener Ananassaft 29,5
Geriebener Apfel 120,0
Getreidekaffee mit Kardamom 3,6

Grießsuppe mit Gemüse.. 105,5
Hafer-Congee 162,1
Heidelbeermus.. 10,9
Kompott aus Äpfeln 67,3
Kompott aus Rhabarber.. 48,2
Kürbis-Joghurt-Suppe... 68,2
Mango-Bananen-Joghurt-Drink eiskalt 121,4
Obstsaftgetränk 175,5
Polenta mit Pfirsich 197,2
Preiselbeer-Joghurt-Mix.. 57,1
Reis mit Pastinake 206,5
Reis-Congee mit Karotten und Fenchel 131,6
Rosmarinkartoffeln... 188,7
Tee aus Ingwer mit Honig.. 4,9
Tee aus Wacholderbeeren 10,9
Überbackenes Chicoréegemüse 230,9
Vitamindrink 172,1

3 Rezepte

empfehlenswert = Sie können mehr verwenden
wenig = wenn möglich weniger verwenden
weniger als angegeben = möglichst nicht verwenden

3.1 Aufgeschlagene Banane

2 x tgl. essen, reguliert Magen-Darm-Funktion, wirkt stopfend.
Anzahl Portionen: 1
Kalorien p. Portion 144
Gramm p. Portion 150
Kochdauer ca. 7 Min.
(Kohlehydrat:94,54% / Eiweiß & Fett:5,46%)
100g.≈ Eiweiß 1,65g. Fett:0,3g.
µg. - Ph:28 Na:1 Ka:393 Mg:36 Ca:9 Fe:0,6 Zn:0,2 Col.:0 Hsr.:25

Zutaten:
Banane 1 Stück / 150g. (ja)

Kochanleitung:
Banane mit der Gabel zerdrücken oder mit einem Mixstab pürieren.
Mindestens 5 Min. braun werden lassen.

3.2 Brennnessel mit Mangold Suppe

Harntreibend, reinigt die Nieren, blutreinigend, entschlackend,
unterstützend bei Prostatabeschwerden, hemmt die Bildung von
Entzündungsstoffen, wirkt schmerzlindernd. Mangold unterstützt die
Darmtätigkeit und reinigt den Darm.
Anzahl Portionen: 4
Kalorien p. Portion 52
Gramm p. Portion 230,38
Kochdauer ca. 30 Min.
(Kohlehydrat:41,21% / Eiweiß & Fett:58,79%)
100g.≈ Eiweiß 2,64g. Fett:2,87g.
µg. - Ph:5,68 Na:12,63 Ka:52,35 Mg:11,26 Ca:15,14 Fe:0,37 Zn:0,01 Col.:0 Hsr.:9,79

Zutaten:
Brennnessel 1 Handvoll / 10g. (ja)
Mangold 1/2 Kg. / 500g. (empfehlenswert)
Salz 1 Prise / 1g. (wenig)
Wasser 1/2 Liter / 400g. (ja)
Olivenöl 1 EL / 10g. (wenig)
Pfeffer gemahlen 1 Prise / 0,5g. ()

Kochanleitung:
In einem Topf das Öl erhitzen, den gewaschenen und fein geschnittenen Mangold dazugeben, salzen und 10 Min. köcheln lassen. Die gehackten Brennnesseln zufügen und weitere 10 Min. kochen. Mit Pfeffer würzen und pürieren.

3.3 Cranberrisaft

Antibakteriell, harntreibend. Gut bei Appetitlosigkeit, Arteriosklerose, Blasenentzündung, Durchfall, Fieber, Gicht, Magengeschwür, Mundschleimhautentzündung, Rheuma. Gegen freie Radikale, gegen Erkältung. Beugt Vitamin-C-Mangel vor.

Anzahl Portionen: 1
Kalorien p. Portion 43
Gramm p. Portion 160
Kochdauer ca. 5 Min.
(Kohlehydrat:98,46% / Eiweiß & Fett:1,54%)
100g.≈ Eiweiß 0,14g. Fett:0,02g.
µg. - Ph:2,06 Na:1,53 Ka:11,69 Mg:1,16 Ca:4,22 Fe:0,09 Zn:0,1 Col.:0 Hsr.:3,12

Zutaten:
Cranberries 2 EL / 25g. (ja)
Wasser 1 Tasse / 125g. (ja)
Honig 1 EL / 10g. (empfehlenswert)

Kochanleitung:
Cranberries und etwas Wasser mit dem Pürierstab zu einem Brei mixen. Mit dem restlichen Wasser aufgießen und mit Honig süßen.

3.4 Erdbeersuppe mit Melonen

Lindert Schmerzen und Entzündungen bei Rheuma, ist harntreibend, hilft bei Verstopfung.

Anzahl Portionen: 2
Kalorien p. Portion 87
Gramm p. Portion 285,5
Kochdauer ca. 5 Min.
(Kohlehydrat:86,25% / Eiweiß & Fett:13,75%)
100g.≈ Eiweiß 2,04g. Fett:0,84g.
µg. - Ph:11,96 Na:3,07 Ka:101,16 Mg:6,79 Ca:10,32 Fe:0,28 Zn:0,01 Col.:0 Hsr.:13,35

Zutaten:
Erdbeere 300 g. / 300g. (empfehlenswert)
Erdbeersaftgetränk 70 ml / 70g. (ja)
Zitrone Schale 1/4 TL / 1g. (weniger als angegeben)
Honigmelone 200 g. / 200g. (empfehlenswert)

Kochanleitung:
Erdbeeren (frisch oder tiefgekühlt) und Erdbeersaft mit dem Mixstab
pürieren und etwas Zucker untermischen. Melonenfruchtfleisch in kleine
Stücke schneiden. Die Erdbeersuppe portionsweise anrichten und
Melonenwürfel in die süße Suppe setzen.

3.5 Gefrorener Ananassaft

Lindert Entzündungen, harntreibend, reinigt die Haut.
Anzahl Portionen: 1
Kalorien p. Portion 29
Gramm p. Portion   50
Kochdauer ca.   1 1/2 Stunden
(Kohlehydrat:95,07% / Eiweiß & Fett:4,93%)
100g.≈ Eiweiß 0,25g. Fett:0,1g.
µg. - Ph:9 Na:2 Ka:173 Mg:17 Ca:16 Fe:0,4 Zn:0,3 Col.:0 Hsr.:7

Zutaten:
Ananas 50 g. / 50g. (ja)

Kochanleitung:
Ananas selbst entsaften oder Bio-Ananassaft in kleinen Portionen
einfrieren und bei Bedarf lutschen.

3.6 Gemüse-Kartoffel-Fleisch-Brei

Stärkt Immunsystem, lindert Entzündungen, verbessert Verdauung,
stärkt Milz und Magen, stärkt Muskeln, Sehnen und Knochen,
antiparasitär.
Anzahl Portionen: 2
Kalorien p. Portion 127
Gramm p. Portion   203
Kochdauer ca.   30 Min.
(Kohlehydrat:57,12% / Eiweiß & Fett:42,88%)
100g.≈ Eiweiß 7,67g. Fett:3,57g.
µg. - Ph:24,37 Na:10,8 Ka:87,08 Mg:6,49 Ca:12,42 Fe:0,62 Zn:0,2 Col.:1,8 Hsr.:11,45

Zutaten:
Kartoffel 100 g. / 100g. (empfehlenswert)
Karotte (Frühkarotte) 200 g. / 200g. (empfehlenswert)
Rind (Kalb) 40 g. / 40g. (ja)
Marillensaft 6 EL / 60g. (wenig)
Rapsöl 1 EL / 6g. (wenig)

Kochanleitung:

Das Fleisch von Haut, Sehnen und Fettresten befreien, unter kühlem Wasser abspülen, in kleine Stücke schneiden und in wenig Wasser gar kochen. Nach ca. 15-20 Min. herausnehmen und pürieren. Das Gemüse und die Kartoffeln waschen, schälen und in nicht zu kleine Stücke schneiden. Mit wenig Wasser auf kleiner Flamme in 10-20 Min. weich kochen. Mit dem Pürierstab das Gemüse zerkleinern und alles vermischen. Butter oder Öl und Obstsaft hinzufügen und nochmals pürieren. Verwenden Sie abwechselnd andere Fleischsorten wie Huhn, Lamm oder Pute. Wechseln Sie auch beim Gemüse ab mit Zucchini, Kohlrabi, Fenchel, Kürbis, Pastinaken und Brokkoli. Wechseln Sie auch die Obstsäfte. Dadurch kann eine Vielfalt an Geschmacksrichtungen erzeugt werden.

3.7 Geriebener Apfel

3 x tgl. essen, wirkt stopfend, bindet Wasser im Darm.
Anzahl Portionen: 1
Kalorien p. Portion 120
Gramm p. Portion   200
Kochdauer ca.   10 Min.
(Kohlehydrat:94,21% / Eiweiß & Fett:5,79%)
100g.≈ Eiweiß 0,6g. Fett:0,8g.
µg. - Ph:11 Na:3 Ka:144 Mg:6 Ca:7 Fe:0,5 Zn:0,1 Col.:0 Hsr.:15

Zutaten:
Apfel (sauer) 1 Stück / 200g. (ja)

Kochanleitung:
Apfel (sauer) schälen und möglichst fein reiben. Danach mindestens 5 Min. stehen lassen, bis er braun geworden ist.

3.8 Geröstete Hirse mit Stangensellerie

Stärkt Milz und Nieren, harntreibend, stoffwechselfördernd.
Anzahl Portionen: 2
Kalorien p. Portion 400
Gramm p. Portion   228
Kochdauer ca.   30 min
Allergene: L
(Kohlehydrat:82,09% / Eiweiß & Fett:17,91%)
100g.≈ Eiweiß 7g. Fett:2,59g.
µg. - Ph:44,42 Na:8,59 Ka:31,27 Mg:23,88 Ca:11,01 Fe:1,24 Zn:0,24 Col.:0 Hsr.:12,62

Zutaten:
Hirse 1 Tasse / 120g. (ja)
Wasser 2 Tassen / 240g. (ja)
Sellerie Stangensellerie 2 Stangen / 50g. (empfehlenswert)
Kräuter verschiedene 1 EL / 10g. (ja)
Wasser 2 EL / 30g. (ja)
Salz 1 Prise / 1g. (wenig)
Salbei 3-4 Blätter / 2g. (empfehlenswert)
Kresse 1 TL / 3g. (empfehlenswert)

Kochanleitung:
Hirse kurz anrösten, mit Wasser übergießen, kurz aufkochen und 20
Min. quellen lassen. Stangensellerie klein schneiden, mit Wasser, Salz
und frischen Kräutern 10 Min. kochen und zu der Hirse geben. Frischen
Salbei oder Kresse kleingehackt darüberstreuen.

3.9 Gerstenbrei mit Beeren

Harntreibend, stärkt Magen, befeuchtet Darm und Haut, entspannt, stillt
Husten, führt leicht ab, stärkt Nieren, fördert Verdauung, entgiftet, treibt
Schweiß, reduziert Blutfett, regt an, löst Stagnation.
Anzahl Portionen: 5
Kalorien p. Portion 113
Gramm p. Portion 318,6
Kochdauer ca. 2 Stunden
Allergene: A
(Kohlehydrat:82,48% / Eiweiß & Fett:17,52%)
100g.≈ Eiweiß 4,02g. Fett:0,78g.
µg. - Ph:7,36 Na:0,55 Ka:13,46 Mg:3,14 Ca:2,78 Fe:0,08 Zn:0,01 Col.:0 Hsr.:2,4

Zutaten:
Wasser 10 Tassen / 1200g. (ja)
Gerste 1 Tasse / 120g. (ja)
Ingwer frisch 2 Scheiben / 2g. (empfehlenswert)
Kardamom 3 Kapseln / 1g. (empfehlenswert)
Salz 1 Prise / 1g. (wenig)
Himbeere 250 g. / 250g. (empfehlenswert)
Kakao 1 Prise / 1g. (ja)
Gerstenmalz 1 EL / 15g. (ja)
Zitronenmelisse (frisch) 2-4 Blätter / 3g. (ja)

Kochanleitung:
Gerste mit Wasser, Ingwer und Kardamomkapseln in einem großen
Topf aufkochen. Mit einem Deckel fest verschließen und auf kleiner
Stufe etwa 2 Std. lang kochen. Für 2 Portionen vom gekochten

Gerstenbrei etwa 2 Schöpflöffel in eine Schüssel geben. Mit Sonnenblumenkernen, Malz, Kakaopulver und einer Prise Salz verrühren. Frische Beeren in den Brei rühren und mit frischer Minze oder Melisse bestreut servieren. Tipp: Der vorgekochte Gerstenbrei (ohne Früchte) kann gut im Kühlschrank aufbewahrt und sowohl für süße als auch für pikante Gerichte verwendet werden, z.B. mit gedünstetem Gemüse oder mit Kompott aus Früchten der Saison.

3.10 Gerstenschrotsuppe

Harntreibend, stärkt Magen, befeuchtet Darm, regt Leberfunktion an, antioxidativ, fördert Verdauung, entgiftet, reduziert Blutfett, regt an, löst Stagnation.

Anzahl Portionen: 2
Kalorien p. Portion 265
Gramm p. Portion 201
Kochdauer ca. 25 Min.
Allergene: A
(Kohlehydrat:75,62% / Eiweiß & Fett:24,38%)
100g.≈ Eiweiß 8,17g. Fett:6,42g.
µg. - Ph:56,06 Na:4,73 Ka:103,77 Mg:19,04 Ca:16,65 Fe:0,63 Zn:0,22 Col.:0,01
Hsr.:17,61

Zutaten:
Gerste 1 Tasse / 120g. (ja)
Salz 1 Prise / 1g. (wenig)
Ingwer frisch 1/2 TL / 1g. (empfehlenswert)
Olivenöl 1 EL / 10g. (wenig)
Petersilie 3 EL / 30g. (empfehlenswert)
Wasser 2 Tassen / 240g. (ja)

Kochanleitung:
Gerste in der Pfanne trocken rösten, anschließend zu Schrot mahlen und mit Wasser, etwas Salz und Ingwer zu einem Brei kochen. Vor dem Servieren Öl und Petersilie unterheben. Variante: Man kann dem Gericht einen noch besseren Geschmack verleihen, indem man es mit vorbereiteter Gemüse- oder Fleischbrühe kocht.

3.11 Getreidekaffee mit Kardamom

Harntreibend, stärkt Magen, befeuchtet Darm, befeuchtet die Haut, entspannt, vermindert Fettgewebe.

Anzahl Portionen: 1
Kalorien p. Portion 4
Gramm p. Portion 136
Kochdauer ca. 5 Min.
(Kohlehydrat:98,58% / Eiweiß & Fett:1,42%)
100g.≈ Eiweiß 0,12g. Fett:0,08g.
µg. - Ph:1,29 Na:1,02 Ka:7,9 Mg:2,49 Ca:5,37 Fe:0,08 Zn:0,09 Col.:0 Hsr.:0

Zutaten:
Getreidekaffee 1 EL / 15g. (ja)
Kardamom 2 Kerne / 1g. (empfehlenswert)
Wasser 1 Tasse / 120g. (ja)

Kochanleitung:
Wasser, Kaffee, Zucker und Kardamom aufkochen und setzen lassen.

3.12 Grießsuppe mit Gemüse

Senkt Blutdruck, stärkt Immunsystem, beugt Krebs vor, stärkt Magen, löst Stagnation, fördert Gewichtsabnahme. Gut bei Abwehrschwäche, Appetitlosigkeit, Blähungen, Bluthochdruck, Depressionen, Diabetes, Durchfall, Rheuma, Sodbrennen, Zwölffingerdarmgeschwür.

Anzahl Portionen: 3
Kalorien p. Portion 106
Gramm p. Portion 237,7
Kochdauer ca. 20 Min.
Allergene: AGL
(Kohlehydrat:85,32% / Eiweiß & Fett:14,68%)
100g.≈ Eiweiß 2,38g. Fett:4,25g.
µg. - Ph:8,65 Na:9,11 Ka:25,61 Mg:28,49 Ca:112,45 Fe:0,33 Zn:0,03 Col.:0 Hsr.:5,1

Zutaten:
Grundrezept für eine Gemüsebrühe nahrhaft 1/2 Liter / 500g. (empfehlenswert)
Weizen Gries 2 EL / 20g. (ja)
Liebstöckel 1/2 TL / 2g. (empfehlenswert)
Basilikum (frisch) 1/2 TL / 1g. (empfehlenswert)
Muskatnuss 1 Prise / 0,1g. (empfehlenswert)
Karotte (Mohrrübe, Möhre) 100 g. / 100g. (empfehlenswert)
Sellerie Knolle 50 g. / 50g. (empfehlenswert)
Sahne, süß 30% 3 EL / 30g. (weniger als angegeben)
Petersilie 1 EL / 10g. (empfehlenswert)

Kochanleitung:
Grieß ohne Fett in einer Pfanne anrösten. Kleingeschnittene Karotten und Sellerie kurz mitrösten. Mit der Gemüsesuppe aufgießen, mit Liebstöckel und Muskatnuss würzen und 10 Min. köcheln lassen. Vor dem Servieren die Sahne einrühren und mit Petersilie garnieren.

3.13 Grundrezept für eine nahrhafte Gemüsebrühe

Senkt Blutdruck und Blutfett, bakterizid, stärkt Immunsystem, beugt Krebs vor, stärkt Magen, löst Stagnation, fördert Gewichtsabnahme, hilft bei Appetitlosigkeit, Blähungen, Bluthochdruck, Depressionen, Diabetes, Durchfall.

Anzahl Portionen: 5
Kalorien p. Portion 48
Gramm p. Portion 240,6
Kochdauer ca. 2-3 Stunden
Allergene: L
(Kohlehydrat:71,3% / Eiweiß & Fett:28,7%)
100g.≈ Eiweiß 1,57g. Fett:1,31g.
µg. - Ph:4,86 Na:3,67 Ka:25,68 Mg:1,8 Ca:6,32 Fe:0,1 Zn:0,01 Col.:0 Hsr.:2,78

Zutaten:
Olivenöl 1 EL / 4g. (wenig)
Zwiebel weiss 1 Stück / 60g. (weniger als angegeben)
Karotte (Mohrrübe, Möhre) 3 Stück / 200g. (empfehlenswert)
Pastinake 150 g. / 150g. (empfehlenswert)
Sellerie Knolle 1 Tasse / 100g. (empfehlenswert)
Ingwer frisch 1/2 TL / 2g. (empfehlenswert)
Zitrone 1/2 Stück / 25g. (weniger als angegeben)
Wacholderbeere 6 Stück / 6g. (empfehlenswert)
Thymian getrocknet 1 Prise / 1g. (ja)
Liebstöckel 1 EL / 3g. (empfehlenswert)
Lorbeerblatt 2 Blätter / 1g. (empfehlenswert)
Salz 1 Prise / 1g. (wenig)
Wasser 3/4 Liter / 650g. (ja)

Kochanleitung:
Gemüse würfelig schneiden. Öl in einem Topf erhitzen, die Zwiebel und das Gemüse darin anbraten, Ingwer und Lorbeer zugeben. Mit kaltem Wasser aufgießen, Zitronensaft zufügen und mit Wacholder, Thymian und Liebstöckel würzen. 2-3 Std. auf kleiner Stufe zugedeckt köcheln lassen. Brühe durch ein Sieb streichen und im Kühlschrank aufbewahren. Sie dient als Suppengrundlage und verfeinert Gemüse, Hülsenfrüchte oder Getreide.

3.14 Grundrezept für eine Reissuppe (Congee)

Niedriger Fettgehalt, zur Entwässerung des Körpers bei Übergewicht und Bluthochdruck.

Anzahl Portionen: 3
Kalorien p. Portion 140
Gramm p. Portion 273,33
Kochdauer ca.   2-4 Stunden
(Kohlehydrat:89,71% / Eiweiß & Fett:10,29%)
100g.≈ Eiweiß 2,96g. Fett:0,48g.
µg. - Ph:5,85 Na:0,58 Ka:5,02 Mg:3,41 Ca:1,72 Fe:0,03 Zn:0,02 Col.:0 Hsr.:6,34

Zutaten:
Reis Sorte beliebig 1 Tasse / 120g. (ja)
Wasser 6 Tassen / 700g. (ja)

Kochanleitung:
Man kocht Reis und Wasser in einem Verhältnis von etwa 1:6. Die Menge des Wassers bestimmt die Dicke des Breis (reine Geschmackssache). Der Reis quillt unwahrscheinlich auf, nehmen Sie also nicht viel. Geben Sie den Reis in einen Topf mit einem schweren Deckel. Wichtig ist, den Reis nach kurzem Aufkochen nur auf kleinster Stufe köcheln zu lassen, da er sonst anbrennt. Kochen Sie den Reis 2-4 Stunden. Je länger er kocht, desto stärkender wirkt er. Wenn Sie das Gericht zum Frühstück essen möchten, können Sie den Reis auch kurz vor dem Zubettgehen aufsetzen. Sicherheitshalber sollten Sie vorher einmal unter Beobachtung für eine ähnlich lange Zeit das Verhalten Ihres Topfes und Herdes prüfen, damit nichts anbrennt.

3.15 Hafer-Congee

Stärkt Abwehrkraft, unterstützt Wehen.

Anzahl Portionen: 3
Kalorien p. Portion 162
Gramm p. Portion 275
Kochdauer ca.   2-4 Stunden
Allergene: A
(Kohlehydrat:73,58% / Eiweiß & Fett:26,42%)
100g.≈ Eiweiß 7,04g. Fett:2,88g.
µg. - Ph:17,27 Na:0,69 Ka:17,93 Mg:6,8 Ca:5,45 Fe:0,3 Zn:0,09 Col.:0 Hsr.:7,53

Zutaten:
Hafer 1 Tasse / 125g. (ja)
Wasser 6 Tassen / 700g. (ja)

Kochanleitung:
Hafer und Wasser in einem Verhältnis von etwa 1:6 kochen. Die Menge des Wassers bestimmt die Dicke des Breis (reine Geschmackssache). Der Hafer quillt auf, nehmen Sie also nicht zu viel. Geben Sie den Hafer in einen Topf mit guter Isolierung und schwerem Deckel. Wichtig ist, den Hafer nach kurzem Aufkochen nur noch auf kleinster Flamme köcheln zu lassen, da er sonst anbrennt. Kochen Sie den Hafer 2-4 Stunden. Je länger er gekocht hat, desto stärkender wirkt er.

3.16 Heidelbeermus

Heidelbeeren wirken abführend, Nelken lösen Stagnation, Zimtpulver erwärmt Magen und Milz. Baut Blut auf, fördert Durchblutung und Leitbahnfluss.
Anzahl Portionen: 1
Kalorien p. Portion   11
Gramm p. Portion   271,1
Kochdauer ca.   10 Min.
(Kohlehydrat:78,35% / Eiweiß & Fett:21,65%)
100g.≈ Eiweiß 0,2g. Fett:0,32g.
µg. - Ph:0,98 Na:1,01 Ka:5,56 Mg:1,09 Ca:6 Fe:0,06 Zn:0,1 Col.:0 Hsr.:1,48

Zutaten:
Heidelbeere 20 g. / 20g. (empfehlenswert)
Zimtpulver 1 Prise / 0,1g. (empfehlenswert)
Nelke 1 Stück / 1g. (empfehlenswert)
Wasser 1/4 Liter / 250g. (ja)

Kochanleitung:
Heidelbeeren mit Zimt und Nelke im Wasser 10 Min. kochen. Zimt und Nelke entfernen, pürieren und nach Wunsch süßen.

3.17 Karotten- Reisschleimsuppe

Gegen Durchfall, bei Fieber, bakterizid, stärkt Immunsystem, senkt Blutdruck.
Anzahl Portionen: 1
Kalorien p. Portion   101
Gramm p. Portion   224
Kochdauer ca.   10 Min.
(Kohlehydrat:96% / Eiweiß & Fett:4%)
100g.≈ Eiweiß 2,37g. Fett:0,4g.
µg. - Ph:27,48 Na:20,34 Ka:65,63 Mg:170,89 Ca:178,57 Fe:1,03 Zn:0,34 Col.:0 Hsr.:12,3

Zutaten:
Grundrezept für eine Reissuppe (Congee) 1 Tasse / 120g.
(empfehlenswert)
Karotte (Mohrrübe, Möhre) 2 Stück / 100g. (empfehlenswert)
Salz 1 TL / 4g. (wenig)

Kochanleitung:
Karotten schälen und reiben. Die Reissuppe aufkochen und die
geriebenen Karotten sowie Salz zufügen. 10 Min. kochen.

3.18 Kompott aus Äpfeln

Apfel (süß) stoppt Durchfall, fördert Verdauung, regt Appetit an,
harmonisiert Magen, erwärmt Magen und Milz, fördert Durchblutung.
Anzahl Portionen: 2
Kalorien p. Portion 67
Gramm p. Portion   220,5
Kochdauer ca.   10 Min.
(Kohlehydrat:95,64% / Eiweiß & Fett:4,36%)
100g.≈ Eiweiß 0,24g. Fett:0,46g.
µg. - Ph:2,81 Na:1,03 Ka:36,45 Mg:1,81 Ca:4,33 Fe:0,13 Zn:0,03 Col.:0 Hsr.:3,74

Zutaten:
Apfel (süß) 1 Stück / 220g. (ja)
Wasser 2 Tassen / 220g. (ja)
Zimtpulver 1 Prise / 1g. (empfehlenswert)

Kochanleitung:
Bio-Apfel mit Schalen und Kernen klein geschnitten im Wasser weich
kochen und mit Zimt bestreuen.

3.19 Kompott aus Rhabarber

Fiebersenkend, schmerzlindernd, entgiftend, bakterizid.
Anzahl Portionen: 1
Kalorien p. Portion 48
Gramm p. Portion   230
Kochdauer ca.   15 Min.
(Kohlehydrat:92,32% / Eiweiß & Fett:7,68%)
100g.≈ Eiweiß 0,64g. Fett:0,1g.
µg. - Ph:11,22 Na:1,7 Ka:119,43 Mg:6,43 Ca:25,43 Fe:0,28 Zn:0,15 Col.:0 Hsr.:2,61

Zutaten:
Rhabarber 100 g. / 100g. (empfehlenswert)
Wasser 1 Tasse / 120g. (ja)
Honig 1 EL / 10g. (empfehlenswert)

Kochanleitung:
Rhabarber waschen und klein schneiden. Im Wasser weich kochen, ein wenig abkühlen lassen und den Honig dazugeben.

3.20 Kürbis-Joghurt-Suppe

Befeuchtet, entspannt, senkt Blutdruck, stärkt Immunsystem, fördert Gewichtsabnahme. Gut bei Abwehrschwäche, Appetitlosigkeit, Blähungen, Depressionen, Diabetes, Durchfall.

Anzahl Portionen: 4
Kalorien p. Portion 68
Gramm p. Portion 239
Kochdauer ca. 15 Min.
Allergene: GL
(Kohlehydrat:82,83% / Eiweiß & Fett:17,17%)
100g.≈ Eiweiß 2,37g. Fett:1,31g.
µg. - Ph:7,17 Na:3,58 Ka:26,41 Mg:11,21 Ca:43,83 Fe:0,07 Zn:0,01 Col.:0,05 Hsr.:1,4

Zutaten:
Grundrezept für eine Gemüsebrühe 300 ml. / 300g. (empfehlenswert)
Hokkaidokürbis 500 g. / 500g. (empfehlenswert)
Ingwer frisch 1/2 TL / 2g. (empfehlenswert)
Fenchelsamen gemahlen 1/2 TL / 1g. (empfehlenswert)
Anis (gemeiner Fenchel) 1/4 TL / 1g. (empfehlenswert)
Joghurt (natur, 1,5 % Fett) 150 g. / 150g. (empfehlenswert)
Pfefferminze 2 Blätter / 1g. (weniger als angegeben)
Salz 1 Prise / 1g. (wenig)

Kochanleitung:
Gemüsebrühe (nach Grundrezept) zum Kochen bringen. Gewürfelten Kürbis, kleingehackten Ingwer, zerstoßene Fenchelsamen und Anis dazugeben und Suppe zugedeckt ca. 12 Min. köcheln lassen, bis der Kürbis weich ist und dann vom Herd nehmen. Mit dem Mixstab die Suppe mit dem Joghurt fein pürieren und mit feingehackter Minze bestreut servieren.

3.21 Mango-Bananen-Joghurt-Drink eiskalt

Harntreibend, stärkt Magen, beugt Krebs vor, reguliert Magen-Darm-Funktion. Gut bei Appetitlosigkeit, Mundschleimhautentzündung, chronischer Verstopfung.

Anzahl Portionen: 2
Kalorien p. Portion 121
Gramm p. Portion 226
Kochdauer ca. 5 Min.
Allergene: G
(Kohlehydrat:86,93% / Eiweiß & Fett:13,07%)
100g.≈ Eiweiß 2,73g. Fett:1,05g.
µg. - Ph:15,94 Na:7,47 Ka:102,09 Mg:10,74 Ca:22,08 Fe:0,14 Zn:0,04 Col.:0,28 Hsr.:5,73

Zutaten:
Mangosaft 100 ml. / 100g. (ja)
Joghurt (natur, 1,5 % Fett) 100 g. / 100g. (empfehlenswert)
Mineralwasser 100 ml. / 100g. (wenig)
Banane 1/2 Stück / 150g. (ja)
Acerola Fruchtnektar oder Pulver 1 TL / 2g. (ja)

Kochanleitung:
Alle Zutaten und 2-3 Eiswürfel im Mixer fein pürieren.

3.22 Nudel-Auflauf mit Quark und Pfirsichen

Lindert Müdigkeit, entspannt, stärkt die Abwehr, beruhigt Nerven und Magen. Gut bei Aufstoßen, akuter oder chronischer Verstopfung, Blähungen, Sodbrennen.

Anzahl Portionen: 4
Kalorien p. Portion 442
Gramm p. Portion 293,5
Kochdauer ca. 1 Stunde
Allergene: ACGO
(Kohlehydrat:65,89% / Eiweiß & Fett:34,11%)
100g.≈ Eiweiß 17,56g. Fett:19,07g.
µg. - Ph:26,04 Na:6,66 Ka:36,6 Mg:4,79 Ca:10,1 Fe:0,19 Zn:0,04 Col.:3,85 Hsr.:9,81

Zutaten:
Pfirsich 500 g. / 500g. (ja)
Nudeln (Weizen, Bandnudeln) mit Ei 200 g / 200g. (ja)
Huhn Ei 2 Stück / 120g. (wenig)
Zucker (Staubzucker) 40 g. / 40g. (ja)
Vanillezucker natur 3 Paket / 3g. (ja)
Zitrone Schale 1/2 Stück / 2g. (weniger als angegeben)

Zimtpulver 1/4 TL / 1g. (empfehlenswert)
Topfen (Quark) 20% 250 g. / 250g. (empfehlenswert)
Butter Bio 2 TL / 8g. (wenig)
Erdbeermarmelade 4 EL / 50g. (ja)

Kochanleitung:
Ofen auf 180 Grad vorheizen. Pfirsiche kurz in kochendes Wasser
legen, abtropfen lassen und die Haut abziehen. Pfirsiche in kleine
Spalten schneiden. Nudeln in reichlich Salzwasser bissfest kochen,
abgießen, kalt abschrecken und abtropfen lassen. Eier trennen. Eigelb
mit Puderzucker, Vanillezucker, abgeriebener Zitronenschale und Zimt
mit dem Schneebesen schaumig rühren. Quark einrühren und die
Nudeln untermischen. Eiweiß zu festem Schnee schlagen und
vorsichtig unter die Nudelmasse heben. Eine Auflaufform dünn mit
Butter ausstreichen. Abwechselnd Quark-Nudelmasse und
Pfirsichspalten in die Form schichten und mit der Nudelmasse
abschließen. Den Auflauf mit Butterflöckchen bestreuen und im
vorgeheizten Ofen 30 Min. backen. Portionsweise mit einem Esslöffel
Marmelade anrichten.

3.23 Obstsaftgetränk

Stoppt Durchfall, fördert Verdauung, appetitanregend, harmonisiert
Magen, lindert Schmerzen, entgiftet, bakterizid, senkt Blutdruck, stärkt
Immunsystem, beugt Krebs vor, reduziert Strahlenverletzungen.
Anzahl Portionen: 2
Kalorien p. Portion   175
Gramm p. Portion   305
Kochdauer ca.   10 Min.
(Kohlehydrat:93% / Eiweiß & Fett:7%)
100g.≈ Eiweiß 1,89g. Fett:0,9g.
µg. - Ph:4,99 Na:2,24 Ka:37,45 Mg:2,36 Ca:6,04 Fe:0,21 Zn:0,05 Col.:0 Hsr.:4,3

Zutaten:
Orange 2 Stück / 150g. (ja)
Apfel (süß) 4 Stück / 300g. (ja)
Karotte (Mohrrübe, Möhre) 2 Stück / 150g. (empfehlenswert)
Honig 1 EL / 10g. (empfehlenswert)

Kochanleitung:
Orangen und Karotten schälen, alle Zutaten würfelig schneiden, damit
sie in die Saftpresse passen und entsaften, mit Honig süßen.

3.24 Polenta mit Pfirsich

Lindert Müdigkeit, stärkt Magen, harntreibend, stärkt die Abwehr, gegen Pilzinfektionen, lässt Gallensaft fließen, beugt Alterungsprozessen vor, stärkt Gehirnzellen.

Anzahl Portionen: 3
Kalorien p. Portion 197
Gramm p. Portion 254,03
Kochdauer ca. 20 min
(Kohlehydrat:89,44% / Eiweiß & Fett:10,56%)
100g.≈ Eiweiß 4,48g. Fett:0,6g.
µg. - Ph:8,27 Na:0,36 Ka:35,48 Mg:2,78 Ca:3,07 Fe:0,14 Zn:0,02 Col.:0 Hsr.:4,67

Zutaten:
Wasser 2 Tassen / 240g. (ja)
Mais Gries (Polenta) 1 Tasse / 120g. (ja)
Pfirsich 2-3 Stück / 400g. (ja)
Vanilleschote 1 Prise / 1g. (ja)
Chili (Schote oder gemahlen) 1 Prise / 0,1g. (weniger als angegeben)
Zimtpulver 1 Prise / 1g. (empfehlenswert)

Kochanleitung:
Die Polenta in einen Topf mit heißem Wasser unter ständigem Rühren einrieseln lassen, bis die gewünschte Konsistenz erreicht ist. Vom Herd nehmen und ca. 10 Min. ausquellen lassen.Frische Pfirsiche waschen, vierteln und in die fertige Polenta hineinschneiden. Vanille und nach Geschmack Chili unterrühren und 3 Min. ziehen lassen.Wintervariante: eingelegtes Obst, Birne, Apfel.

3.25 Preiselbeer-Joghurt-Mix

Gut bei akuter oder chronischer Verstopfung, Mundschleimhautentzündung, Durchfall, Blähungen, Reizdarm.

Anzahl Portionen: 2
Kalorien p. Portion 57
Gramm p. Portion 197,5
Kochdauer ca. 5 Min.
Allergene: GO
(Kohlehydrat:75,06% / Eiweiß & Fett:24,94%)
100g.≈ Eiweiß 2,13g. Fett:1,02g.
µg. - Ph:14,34 Na:11,73 Ka:26,32 Mg:5,43 Ca:33,22 Fe:0,03 Zn:0,03 Col.:0,4 Hsr.:0,41

Zutaten:
Joghurt (natur, 1,5 % Fett) 125 g. / 125g. (empfehlenswert)
Preiselbeermarmelade 2 EL / 20g. (ja)
Mineralwasser 250 ml. / 250g. (wenig)

Kochanleitung:
Joghurt, Preiselbeer-Marmelade und Mineralwasser mit dem
Standmixer schaumig rühren.

3.26 Reis mit Pastinake

Vitaminreich, Mineralstoffe Kalium und Zink. Bei
Durchblutungsstörungen, Thrombose, Emboliegefahr, Bluthochdruck,
Kopfschmerzen, Herzinfarkt, Schlaganfall, Hefepilzinfektionen.
Anzahl Portionen: 3
Kalorien p. Portion 206
Gramm p. Portion 261,33
Kochdauer ca. 45 Min.
(Kohlehydrat:78,37% / Eiweiß & Fett:21,63%)
100g.≈ Eiweiß 5,17g. Fett:4,53g.
µg. - Ph:20,16 Na:2,09 Ka:94,99 Mg:7,61 Ca:10,6 Fe:0,15 Zn:0,07 Col.:0 Hsr.:12,18

Zutaten:
Reis Sorte beliebig 1 Tasse / 120g. (ja)
Wasser 2 Tassen / 200g. (ja)
Salz 1 Prise / 1g. (wenig)
Pastinake 3-4 Stück / 450g. (empfehlenswert)
Olivenöl 1 EL / 10g. (wenig)
Salbei 1 TL / 3g. (empfehlenswert)

Kochanleitung:
Pastinake schälen und in Scheiben schneiden. Kurz in Öl anbraten.
Reis hinzugeben und kurz mitbraten. Mit Wasser übergießen und
mindestens 30 Min. lang kochen lassen. Mit etwas frischem gehacktem
Salbei bestreuen.

3.27 Reis-Congee mit Karotten und Fenchel

Stärkt und wärmt Magen, lindert Verstopfung, regt Nerven an, entgiftet,
lindert Entzündungen, verbessert Durchblutung, senkt Blutdruck,
bakterizid, stärkt Immunsystem, beugt Krebs vor, reduziert
Strahlenverletzungen.
Anzahl Portionen: 3
Kalorien p. Portion 132
Gramm p. Portion 284,67
Kochdauer ca. 2 Stunden
Allergene: G
(Kohlehydrat:94,12% / Eiweiß & Fett:5,88%)
100g.≈ Eiweiß 4,18g. Fett:1,37g.
µg. - Ph:9,78 Na:9,7 Ka:55,1 Mg:64,86 Ca:68,94 Fe:0,4 Zn:0,03 Col.:0,09 Hsr.:3,77

Zutaten:
Grundrezept für eine Reissuppe 1/2 Liter / 500g. (empfehlenswert)
Karotte (Mohrrübe, Möhre) 2 Stück / 100g. (empfehlenswert)
Fenchel 1 Stück / 250g. (empfehlenswert)
Butter Bio 1 TL / 3g. (wenig)
Kardamom 1/2 TL / 1g. (empfehlenswert)

Kochanleitung:
Reis-Congee nach Grundrezept kochen. Karotten und Fenchel putzen
und klein schneiden. Hinweis: Wenn Karotten und Fenchel von Anfang
an mitgekocht werden, dienen sie der Bekömmlichkeit. Werden sie kurz
vor Ende der Kochzeit zugegeben, bleiben Geschmack und Vitamine
erhalten. Vor dem Servieren mit Butter und Kardamom verfeinern.

3.28 Rhabarber-Apfel-Grütze

Liefert Antioxidantien und viel Vitamin C. Führt ab, kühlt Hitze, lindert
Schmerzen, entgiftet, bakterizid, erwärmt Magen und Milz, fördert
Durchblutung.
Anzahl Portionen: 2
Kalorien p. Portion 180
Gramm p. Portion 276,5
Kochdauer ca. 15 Min.
(Kohlehydrat:95,59% / Eiweiß & Fett:4,41%)
100g.≈ Eiweiß 1,2g. Fett:0,58g.
µg. - Ph:14,75 Na:1,5 Ka:93,5 Mg:7,43 Ca:12,73 Fe:0,29 Zn:0,07 Col.:0 Hsr.:6,21

Zutaten:
Rhabarber 200 g / 200g. (empfehlenswert)
Apfelsaft (Naturtrüb) 300 ml. / 300g. (ja)
Maisstärke 30 g. / 30g. (ja)
Honig 20 g. / 20g. (empfehlenswert)
Vanillezucker natur 1 Prise / 0,5g. (ja)
Zimtpulver 1 Prise / 0,5g. (empfehlenswert)
Pfefferminze 2 Blätter / 2g. (weniger als angegeben)

Kochanleitung:
Die Maisstärke mit ½ Tasse Apfelsaft glattrühren. Den Rhabarber mit
einer Tasse Wasser 10 Min. dünsten, den restlichen Apfelsaft zufügen,
mit der angerührten Stärke abbinden und nochmals aufkochen. Mit dem
Honig süßen und mit Vanille und Zimt würzen. Die Grütze auf
Dessertschälchen verteilen und mit Minze garnieren.

3.29 Rosmarinkartoffeln

Kartoffel stärkt die Milz, lindert Entzündungen, verbessert die Verdauung, ist harntreibend, senkt Cholesterinspiegel. Rosmarin fördert Verdauung, stärkt Lunge, Milz und Nieren.

Anzahl Portionen: 2
Kalorien p. Portion 189
Gramm p. Portion 216,5
Kochdauer ca. 30 Min.
(Kohlehydrat:76,49% / Eiweiß & Fett:23,51%)
100g.≈ Eiweiß 4,21g. Fett:5,25g.
µg. - Ph:23,02 Na:1,45 Ka:165,76 Mg:9,44 Ca:3,73 Fe:0,2 Zn:0,07 Col.:0,01 Hsr.:7,27

Zutaten:
Kartoffel 6-8 Stück / 420g. (empfehlenswert)
Salz Kräutersalz 1 Prise / 1g. (wenig)
Olivenöl 1 EL / 10g. (wenig)
Rosmarin 1 TL / 2g. (ja)

Kochanleitung:
Kartoffeln der Länge nach halbieren, mit etwas Olivenöl bestreichen, salzen, 2-3 Rosmarinnadeln auf jede halbe Kartoffel streuen, auf Backblech setzen und im vorgeheizten Backofen ca. 25 Min. bei 190 Grad backen.

3.30 Schwarzwurzel mit Joghurt

Schwarzwurzeln regen Nieren, Blase und damit die Reinigung des Körpers an. Sie stimulieren im physiologischen Sinne allgemein die Drüsen im Organismus. Gut bei akuter oder chronischer Verstopfung des Darmes. Liefern Vitamine und Spurenelemente.

Anzahl Portionen: 2
Kalorien p. Portion 319
Gramm p. Portion 304,5
Kochdauer ca. 20 min
Allergene: AG
(Kohlehydrat:76,55% / Eiweiß & Fett:23,45%)
100g.≈ Eiweiß 7,98g. Fett:2,08g.
µg. - Ph:45,41 Na:46,46 Ka:135,9 Mg:13,05 Ca:30,12 Fe:1,28 Zn:0,12 Col.:0,16 Hsr.:28,83

Zutaten:
Schwarzwurzel 1/2 Kg. / 400g. (empfehlenswert)
Joghurt (natur, 1,5 % Fett) 4 EL / 80g. (empfehlenswert)
Kräuter verschiedene 1 EL / 8g. (ja)
Salz 1 Prise / 1g. (wenig)
Mehrkornbrot (Graubrot) 6 Scheiben / 120g. (wenig)

Kochanleitung:
Schwarzwurzel schälen und in Salzwasser kochen, bis sie weich sind.
Das Wasser wegschütten, Schwarzwurzel auskühlen lassen und klein
schneiden. Mit Joghurt übergießen und mit frischen Kräutern bestreuen.
Mit dem Mehrkornbrot servieren.

3.31 Spargelcremesuppe

Harntreibend, fördert Durchblutung, produziert Körpersäfte, beugt Krebs
vor, führt ab, antiparasitär, regt Leberfunktion an. Gut bei
Appetitlosigkeit, Blähungen, Rheuma, Sodbrennen.

Anzahl Portionen: 2
Kalorien p. Portion 240
Gramm p. Portion   409,5
Kochdauer ca.   45 Min.
Allergene: ACG
(Kohlehydrat:21% / Eiweiß & Fett:79%)
100g.≈ Eiweiß 5,2g. Fett:19,85g.
µg. - Ph:9,44 Na:1,5 Ka:15,8 Mg:1,6 Ca:6,23 Fe:0,13 Zn:0,08 Col.:9,84 Hsr.:2,42

Zutaten:
Spargel (grün oder weiß) 200 g / 200g. (empfehlenswert)
Wasser 1/2 Liter / 500g. (ja)
Rapsöl 3 EL / 30g. (wenig)
Weizen Mehl 2 EL / 10g. (ja)
Huhn Eigelb 1 Stück / 25g. (wenig)
Kuhmilch (Vollmilch 3,5 % Fett) 1 EL / 15g. (ja)
Sauerrahm 15% Fett 1 EL / 15g. (wenig)
Pfeffer gemahlen 1 Prise / 0,5g. ()
Muskatnuss 1 Prise / 0,5g. (empfehlenswert)
Zitrone Saft 1 TL / 2g. (weniger als angegeben)
Petersilie 2 EL / 20g. (empfehlenswert)
Salz 1 Prise / 1g. (wenig)

Kochanleitung:
Den Spargel waschen und schälen. Wasser, etwas Zitronensaft und
eine Prise Salz zum Kochen bringen. Die Spargelstangen
zusammenbinden. Spargelschalen ins Kochwasser geben und
aufkochen lassen. Den Spargel in die kochende Flüssigkeit geben und
auf kleiner Hitze ca. 20 Min. garen lassen. Danach die Spargelbündel
herausnehmen und den Sud durch ein Sieb gießen. Für die Einbrenne
das Öl in einem Topf erhitzen, das Mehl zugeben und farblos
anschwitzen. Mit dem Spargelsud langsam auffüllen und 10 Min.
köcheln lassen. Die Spargelstangen in ca. 3 cm lange Stücke

schneiden und unter die abgebundene Suppe geben. Kurz vor dem Servieren die Suppe nochmals aufkochen lassen. Das Eigelb mit Milch und Sauerrahm verrühren. Den Topf vom Herd nehmen und danach das Eigelb-Milch-Gemisch unterrühren. Mit Pfeffer und Muskat abschmecken, mit der gehackten Petersilie dekorieren und sofort servieren.

3.32 Tee aus Grüntee

Fördert Verdauung, harntreibend, löst Schleim, entgiftet, regt Nerven an, reduziert Blutfett, senkt Cholesterinspiegel, lindert Entzündungen.
Anzahl Portionen: 1
Kalorien p. Portion 3
Gramm p. Portion 122
Kochdauer ca. 10 Min.
(Kohlehydrat:20% / Eiweiß & Fett:80%)
100g.≈ Eiweiß 0,01g. Fett:0g.
µg. - Ph:5,61 Na:1,07 Ka:27,59 Mg:4,07 Ca:9,43 Fe:0,04 Zn:0,1 Col.:0 Hsr.:0

Zutaten:
Grüner Tee 1 TL / 2g. (empfehlenswert)
Wasser 1 Tasse / 120g. (ja)

Kochanleitung:
Pro Tasse verwendet man einen Teelöffel voll oder einen Teebeutel. Grüntee nur mit 60-80 Grad heißem Wasser aufbrühen, da er sonst bitter wird. Soll der Tee eine anregende Wirkung haben, lässt man ihn 2-3 Min. ziehen. Eher beruhigend wirkt er bei einer Ziehdauer von 5 Min. (nicht länger, sonst wird er bitter!). Eine andere Methode: Man übergießt die Teeblätter mit ca. 70 Grad heißem Wasser und gießt es sofort wieder ab. Dann einfach noch mal heißes Wasser nachgießen. Die Bitterstoffe verschwinden und der Tee bekommt ein milderes Aroma.

3.33 Tee aus Hijiki-Algen

Wirkt antibakteriell und blutreinigend. Reich an Mineralstoffen mit hoher Kalziumkonzentration.
Anzahl Portionen: 4
Kalorien p. Portion 1
Gramm p. Portion 125,5
Kochdauer ca. 10 min.
(Kohlehydrat:82,53% / Eiweiß & Fett:17,47%)
100g.≈ Eiweiß 0,05g. Fett:0,01g.
µg. - Ph:0,25 Na:1,22 Ka:0,31 Mg:0,1 Ca:0,07 Fe:0 Zn:0 Col.:0 Hsr.:0,06

Zutaten:
Hijiki 2 TL / 2g. (ja)
Wasser heiss 1/2 Liter / 500g. (ja)

Kochanleitung:
Hijiki-Algen in heißem Wasser ca. 10 Min. köcheln lassen. Danach Sud trinken.

3.34 Tee aus Ingwer mit Honig

Honig lindert Schmerzen, entgiftet, ist bakterizid. Frischer Ingwer fördert Verdauung, entgiftet, stärkt Säfteproduktion, treibt Schweiß, reduziert Blutfett, regt an, löst Stagnation.
Anzahl Portionen: 4
Kalorien p. Portion 5
Gramm p. Portion   127,25
Kochdauer ca.   30 Min.
(Kohlehydrat:98,08% / Eiweiß & Fett:1,92%)
100g.≈ Eiweiß 0,02g. Fett:0,01g.
µg. - Ph:0,1 Na:0,29 Ka:0,7 Mg:0,33 Ca:1,27 Fe:0,01 Zn:0,01 Col.:0 Hsr.:0

Zutaten:
Ingwer frisch 1 TL / 3g. (empfehlenswert)
Wasser 1/2 Liter / 500g. (ja)
Honig 2 TL / 6g. (empfehlenswert)

Kochanleitung:
Wasser zum Kochen bringen und beiseite stellen. Ingwer zugeben und 20-30 Min. ziehen lassen. Nach Geschmack mit Honig süßen.

3.35 Tee aus Rooibos

Antioxidativ, entzündungshemmend, antibakteriell, antiviral, antifungal, entgiftend (basisch), krebshemmend, schützt durch enthaltene Flavonoide, positive Wirkung bei Alzheimer und Arteriosklerose. Antiallergisch, hemmt die Histaminausschüttung.
Anzahl Portionen: 5
Kalorien p. Portion 0
Gramm p. Portion   200,8
Kochdauer ca.   10 Min.
(Kohlehydrat:0% / Eiweiß & Fett:0%)
100g.≈ Eiweiß 0g. Fett:0g.
µg. - Ph:0 Na:0,2 Ka:0 Mg:0,2 Ca:1 Fe:0 Zn:0 Col.:0 Hsr.:0

Zutaten:
Wasser 1 Liter / 1000g. (ja)
Rooibos Tee 4 TL

Kochanleitung:
3-4 TL Rooibos mit einem Liter kochenden Wasser überbrühen und 6-
10 Min. ziehen lassen. Bei weichem Wasser können Sie weniger Tee
für die Zubereitung nehmen, bei härterem Wasser empfehlen wir eine
höhere Dosierung.

3.36 Tee aus Schwarztee (Russischer Tee)

Schwarztee fördert Durchblutung.
Anzahl Portionen: 1
Kalorien p. Portion 8
Gramm p. Portion   125
Kochdauer ca.   10 Min.
(Kohlehydrat:2,52% / Eiweiß & Fett:97,48%)
100g.≈ Eiweiß 1,28g. Fett:0,26g.
µg. - Ph:11,92 Na:1,2 Ka:72,32 Mg:7,96 Ca:16,52 Fe:0,08 Zn:0,11 Col.:0 Hsr.:13,12

Zutaten:
Schwarztee 1 EL / 5g. (ja)
Wasser 1 Tasse / 120g. (ja)

Kochanleitung:
Pro Tasse verwendet man einen Teelöffel voll oder einen Teebeutel.
Den Tee nur mit 60 bis 80 Grad heißem Wasser übergießen, da er
sonst bitter wird. Soll der Tee eine anregende Wirkung haben, lässt
man ihn 2 bis 3 Min. ziehen. Eher beruhigend wirkt er bei einer
Ziehdauer von 5 Min. (nicht länger, sonst wird er bitter!). Eine andere
Methode: Man übergießt die Teeblätter mit ca. 70 Grad heißem Wasser
und gießt das Wasser sofort wieder ab. Dann einfach noch mal heißes
Wasser nachgießen. Die Bitterstoffe verschwinden und der Tee
bekommt ein milderes Aroma.

3.37 Tee aus Wacholderbeeren

Fördert Verdauung und Durchblutung, keimtötend, harntreibend, entwässernd. Gut bei Appetitlosigkeit, Durchfall, Magen-Darmbeschwerden, Nierenbeckenentzündung, Sodbrennen.
Anzahl Portionen: 1
Kalorien p. Portion 11
Gramm p. Portion 128
Kochdauer ca. 10 Min.
(Kohlehydrat:52,24% / Eiweiß & Fett:47,76%)
100g.≈ Eiweiß 0,55g. Fett:0,44g.
µg. - Ph:11,84 Na:1,4 Ka:30,07 Mg:6,65 Ca:28,72 Fe:0,05 Zn:0,11 Col.:0 Hsr.:0

Zutaten:
Wacholderbeere 1 TL / 3g. (empfehlenswert)
Wasser 1 Tasse / 125g. (ja)

Kochanleitung:
Pro Tasse 1 TL getrocknete Wacholderbeeren kalt ansetzen, kurz aufkochen und 15 Min. ziehen lassen, dann abseihen.
Dieser Tee wird ungesüßt und schluckweise langsam getrunken. Die Menge reicht für einen Tag.

3.38 Teemischung gegen allgemeine Erschöpfung

Gegen allgemeine Erschöpfung, antibakteriell, aufmunternd. Gut bei Appetitlosigkeit, Blähungen und Sodbrennen.
Anzahl Portionen: 4
Kalorien p. Portion 2
Gramm p. Portion 127
Kochdauer ca. 10 Min.
(Kohlehydrat:55% / Eiweiß & Fett:45%)
100g.≈ Eiweiß 0,17g. Fett:0,04g.
µg. - Ph:0,11 Na:0,11 Ka:0,93 Mg:0,13 Ca:0,63 Fe:0 Zn:0,01 Col.:0 Hsr.:0

Zutaten:
Zitronenmelisse (getrocknet) 2 TL / 3g. (ja)
Brombeerblätter 2 TL / 3g. (ja)
Lavendelblüten 1 TL / 2g. (ja)
Wasser 2 Tassen / 500g. (ja)

Kochanleitung:
2 g Melisse, 2 g Brombeerblätter, 1,5 g Lavendelblüten. Ein TL der Kräutermischung mit einer Tasse kochendem Wasser übergießen, 10 Min. zugedeckt ziehen lassen und absieben. Dreimal täglich eine Tasse trinken.

3.39 Überbackenes Chicoréegemüse

Liefert Mineralien und Vitamine (A,B,C), befeuchtet Darm.
Anzahl Portionen: 2
Kalorien p. Portion 231
Gramm p. Portion 460,5
Kochdauer ca. 20 Min.
Allergene: AG
(Kohlehydrat:74,2% / Eiweiß & Fett:25,8%)
100g.≈ Eiweiß 6,05g. Fett:7,04g.
µg. - Ph:20,06 Na:8,39 Ka:61,13 Mg:9,33 Ca:10,83 Fe:0,3 Zn:0,07 Col.:0 Hsr.:8,96

Zutaten:
Chicorée 4 Stück / 500g. (ja)
Sahne, süß 30% 2 EL / 40g. (weniger als angegeben)
Brösel (Weizenbrot, Semmel) 2 EL / 20g. (ja)
Reis Basmatireis 1/2 Tasse / 60g. (ja)
Wasser 3 Tassen / 300g. (ja)
Salz 1 Prise / 1g. (wenig)

Kochanleitung:
Den ganzen Chicorée ca. 5 Min. blanchieren, in eine Auflaufform
geben, etwas süße Sahne und Semmelbrösel darauf verteilen und
überbacken. Den Reis in gesalzenem Wasser aufkochen lassen und
auf niedriger Stufe ca. 15 Min. quellen lassen.

3.40 Vitamindrink

Reguliert Magen-Darm-Funktion, stärkt Milz und Leber, senkt Blutdruck,
bakterizid, stärkt Immunsystem, beugt Krebs vor.
Anzahl Portionen: 3
Kalorien p. Portion 172
Gramm p. Portion 273,33
Kochdauer ca. 5 Min.
(Kohlehydrat:91,86% / Eiweiß & Fett:8,14%)
100g.≈ Eiweiß 2,79g. Fett:0,57g.
µg. - Ph:9,44 Na:2,63 Ka:80,69 Mg:7,39 Ca:10,07 Fe:0,28 Zn:0,03 Col.:0 Hsr.:6,17

Zutaten:
Orangensaft 300 ml. / 300g. (ja)
Karotte (Mohrrübe, Möhre) 200 g. / 200g. (empfehlenswert)
Banane 2 Stück / 300g. (ja)
Kiwi 1 Stück / 20g. (ja)

Kochanleitung:
Orangen, Karotten, Bananen und die Kiwi grob zerkleinern und mit dem
Mixstab fein pürieren.

3.41 Zucchini-Grieß-Cremesuppe

Gut bei Appetitlosigkeit, Schluckstörungen, Blähungen, Darmentzündung, Rheuma, Sodbrennen. Senkt Blutdruck, fördert Gewichtsabnahme.

Anzahl Portionen: 4
Kalorien p. Portion 146
Gramm p. Portion 341,75
Kochdauer ca. 25 Min.
Allergene: AGL
(Kohlehydrat:78% / Eiweiß & Fett:22%)
100g.≈ Eiweiß 4,02g. Fett:7,8g.
µg. - Ph:1,7 Na:0,83 Ka:9,09 Mg:4,88 Ca:18,35 Fe:0,08 Zn:0,02 Col.:0,22 Hsr.:0,82

Zutaten:
Butter Bio 20 g. / 20g. (wenig)
Weizen Gries 2 EL / 20g. (ja)
Petersilie 1 Bund / 100g. (empfehlenswert)
Grundrezept für eine Gemüsebrühe nahrhaft 800 ml. / 800g. (empfehlenswert)
Liebstöckel 1/2 TL / 2g. (empfehlenswert)
Muskatnuss 1 Prise / 0,5g. (empfehlenswert)
Anis (gemeiner Fenchel) 1 Prise / 0,5g. (empfehlenswert)
Zucchini 400 g. / 400g. (empfehlenswert)
Ingwer frisch 1/2 TL / 1g. (empfehlenswert)
Creme fraîche 2 EL / 20g. (weniger als angegeben)
Zitrone Schale 1/4 Stück / 2g. (weniger als angegeben)
Salz 1 Prise / 1g. (wenig)
Pfeffer gemahlen 1 Prise / 0,5g. ()

Kochanleitung:
Butter in einem Topf schmelzen, Grieß hinzufügen und unter Rühren kurz anrösten. Die Hälfte der gehackten Petersilie dazugeben, kurz andünsten, mit Gemüsebrühe (nach Grundrezept) aufgießen, mit gehacktem Liebstöckel, Muskat und Anis würzen. Suppe ohne Deckel 10 Min. leicht kochen, kleingeschnittene Zucchini und ein kleines Stück Zitronenschale dazugeben und weitere 5 Min. köcheln lassen, bis die Zucchini weich sind. Zitronenschale entfernen und mit dem Mixstab zusammen mit der Crème fraîche und der restlichen Petersilie fein pürieren.

4 Wirkung der Lebensmittel

4.1 Zutaten verwenden: empfehlenswert

Anis (gemeiner Fenchel)
Apfelmus
Artischocke
Aubergine
Barsch
Basilikum
Basilikum (frisch)
Borretsch
Brombeere
Brot mit Johannisbrotkernmehl
Brötchen (Semmel)
Buchweizen
Bulgur (Getreide)
Dill
Dinkel Flocken
Dinkel Gries
Dorsch
Erdbeere
Fasan
Feldsalat
Fenchel
Fenchelsamen gemahlen
Fencheltee
Fischstücke gemischt (Süßwasser)
Flaschenkürbis
Fruchtzucker (Fruktose,
Traubenzucker)
Gemüsesaft
Gerste (Perlgerste)
Grüner Tee
Guave
Hagebutte
Hagebuttentee
Hase
Hase, wild
Heidelbeere
Heidelbeere getrocknet
Himbeere
Hirsch Fleisch
Hokkaidokürbis
Holunderbeeren
Holunderblütentee
Honig
Honigmelone
Huhn Fleisch
Hüttenkäse
Ingwer frisch
Joghurt (natur, 1,5 % Fett)
Johannisbeere (rot)

Johannisbeere (schwarz)
Johannisbeere (weiß)
Kabeljau
Kamille
Kaninchen Fleisch
Karausche
Kardamom
Karotte (Frühkarotte)
Karotte (Mohrrübe, Möhre)
Karottensaft ohne Zucker
Kartoffel
Kartoffel (mehlige)
Käsepappeltee
Kohlrübe
Kompott (Früchte der Saison)
Koriander
Kresse
Kuhmilch (1,5 % Fett)
Kümmel
Kümmel gemahlen
Kürbis
Liebstöckel
Löffelbiskuit
Lorbeerblatt
Löwenzahn (junger)
Mangold
Miso schwarz (fermentiert)
Molke
Muskatnuss
Nelke
Nori, Purpurtang, Rotalge
Oregano frisch
Oregano getrocknet
Pastinake
Petersilie
Preiselbeere
Preiselbeersaft
Pute Brustfleisch
Quargel 20%
Radicchio
Reh Fleisch
Reisnudeln
Rhabarber
Rind Filet
Rotbarsch
Rote Rübe
Salbei
Schmelzkäse 12%
Scholle

Schwarzkümmel
Schwarzwurzel
Sellerie Knolle
Sellerie Stangensellerie
Spargel (grün oder weiß)
Speiserüben
Stachelbeere
Süßkartoffel
Topfen (Quark) 20%
Vogerlsalat (Pflücksalat)

Wacholderbeere
Wachskürbis
Wachtel
Wakame
Wassermelone
Wildkräuter
Wildschwein Fleisch
Zimtpulver
Zimtstange
Zucchini

4.2 Zutaten verwenden: ja

Acerola Fruchtnektar oder Pulver
Agar-Agar, Agartang
Agavendicksaft
Aloesaft
Amaranth
Amaranth POPS
Ananas
Ananassaft ungezuckert
Andornkraut
Angelikawurzel
Apfel (sauer)
Apfel (süß)
Apfelsaft (Naturtrüb)
Aprikose
Aprikosen Marmelade
Aprikosennektar
Astronautenkost
Backpulver
Baldrian
Bambussprossen
Banane
Banane Kochbanane
Banchatee
Bärlauch (Knoblauchspinat)
Bataviasalat
Beeren der Saison
Beerensaft
Berberitzenrindetee
Birnensaft
Bitter Lemon
Bitterklee
Bitterorangenschale
Blattsalate (bitter)
Blütenpollen
Bocksdornfrüchte (Fructus Lycii)
getrocknet
Bockshornklee
Brennnessel
Brokkoli
Brombeerblätter
Brombeere getrocknet (unreife)

Brombeermarmelade
Brösel (Weizenbrot, Semmel)
Buttermilch
Butterschmalz
Calamari
Chicorée
Chrysanthemenblütentee
Couscous
Cranberries
Cumin (Kreuzkümmel)
Dashi
Datteln rot
Dinkel
Dinkel Brot
Dinkel Vollkornmehl
Dornhai (Seeaal, Schillerlocken)
Dulse (Lappentang)
Eisbergsalat
Endiviensalat
Enzianwurzel
Erdbeermarmelade
Erdbeersaftgetränk
Estragon
Feige
Fischsouce
Flunder
Forelle
Früchtetee
Gänseblümchen
Garnele
Gelatine weiss
Gerste
Gerste (Nacktgerste)
Gerstengras Pulver
Gerstengraupen
Gerstengrütze
Gerstenmalz
Gerstenmehl
Getreidekaffee
Gewürznelke
Ginkgofrucht

Ginsengwurzel
Glühweingewürzmischung
Granatapfel
Grünkern
Hafer
Hafer Flocken geröstet
Hafer Mehl
Hafer Milch
Hafer Schrot
Heidelbeermarmelade
Heidelbeersaft
Heilbutt
Hibiskustee
Hijiki
Himbeerblättertee
Himbeere getrocknet (unreife)
Himbeermarmelade
Hirsch Knochen
Hirse
Hirseflocken
Huhn Eiweiß
Hummer
Ingwer Pulver
Jasminblütentee
Joghurt (natur, 3,5 % Fett)
Johannisbeermarmelade (rot)
Johannisbeermarmelade (schwarz)
Johannisbeernektar (schwarz)
Johannisbrotkernmehl
Kaffeeweißer
Kakao
Kaki-Pflaume
Kalmus
Kapern (eingelegt)
Kapuzinerkresse
Karambole/Sternfrucht
Kartoffelmehl
Kaviar
Kefir
Kerbel
Kerbel getrocknet
Kiwi
Klementine
Klettenwurzeltee
Knäckebrot
Kopfsalat
Koriandergrün
Krabbe
Krake
Kräuter bittere
Kräuter der Provence
Kräuter verschiedene
Kräuter Wildkräuter
Kuhmilch (Vollmilch 3,5 % Fett)

Kumquat
Kurkuma (Gelbwurz)
Kuzu
Lamm Fleisch
Lamm Knochen
Lamm Schulter
Languste
Laugengebäck
Lavendelblüten
Leberglättertee
Liebstöckelsamen
Lindenblütentee
Longane
Löwenzahnsaft
Lychee
Magermilchpulver
Mais
Mais (Schnellpolenta)
Mais Gries (Polenta)
Mais Mehl (Maizena)
Maishaartee
Maisstärke
Majoran
Malventee
Malz
Mandarine
Mango
Mangopulver
Mangosaft
Margarine
Margarine (Diät)
Maulbeerfrucht
Meeräsche
Meereskrebs
Melisse
Miesmuscheln
Miso
Mispel
Mittelmeerfisch (Kabeljau, Scholle,
Schellfisch, Seeaal, Makrele)
Moosbeere
Nektarine
Nudeln (Weizen) mit Ei
Nudeln (Weizen, Bandnudeln) mit Ei
Nudeln (Weizen, Lasagneblätter) mit Ei
Nudeln (Weizen, Spagetti) mit Ei
Obstmischung Fruchtsaft
Odermennig
Okra
Orange
Orangenmarmelade
Orangensaft
Papaya
Passionsblumenblütentee

Passionsfrucht (Maracuja)
Petersilienwurzel
Pfeilwurzelmehl
Pferd Fleisch
Pfirsich
Pfirsich (Dose)
Piment
Preiselbeermarmelade
Puddingpulver Vanille
Pute Schinken
Qualle
Quinoa
Quitte
Radieschen
Reis Basmatireis
Reis Duftreis
Reis Gaoliangreis (Sorghum)
Reis Klebreis
Reis Langkornreis
Reis Rundkornreis
Reis Sorte beliebig
Reis Süßer
Reismalz
Reismehl
Reisstärke
Rettichblätter (vom Wochenmarkt)
Rind (Kalb)
Rind Fleisch
Rind Herz (Kalb)
Rind Ochsenschwanzstücke
Rind Suppenfleisch
Roggenmehl
Römersalat/Lattich-Salat
Rosenblättertee
Rosenblütentee
Rosmarin
Rote Grütze (ohne Zucker)
Safran
Sago (Getreide)
Sanddorn
Sauerampfer
Sauerteig
Schaffleisch
Schafgarbe
Schafgarbentee
Schafmilch Joghurt
Schafskäse
Schafsmilch
Schlehdorn
Schnecke
Schwarztee
Schwein Haxe (Eisbein)
Schwein Markknochen
(Röhrenknochen)

Schwein Schinken
Schwein Schinken gekocht
Schwein Schinken geselcht
Senfsamen
Shrimps
Soja Tofu
Sojapaste (Miso)
Sojasauce
Spinat
Spitzwegerichtee
Sternanis
Stevia (Süßkraut)
Stutenmilch
Süßholzwurzeltee
Süßwasserfisch
Süßwasserkrebs
Taube
Teemischung Harnsäuresenkend
Thymian
Thymian getrocknet
Tintenfisch
Tomate
Tomatenmark
Tomatenpüre
Tomatensaft
Tonicwasser
Traubensaft rot
Traubensaft weiß
Tsampa (geröstetes Gerstenmehl)
Umeboshipaste
Vanille
Vanillepulver
Vanilleschote
Vanillezucker natur
Walderdbeeren
Wasser
Wasser heiss
Weißbrot (Weizenbrot)
Weißbrot Baguette
Weißbrot Brösel (Weizenbrot)
Weißbrot Knödelbrot (Weizenbrot)
Weißbrot Salzstangerl
Weißbrot Semmel
Weißdorn
Weißfischchen
Weißwurz
Weizen
Weizen Bulgurweizen
Weizen Fladenbrot
Weizen Flocken
Weizen Gras Pulver
Weizen Gries
Weizen Gries - Kindergries
Weizen Mehl

Weizengrassaft
Wermutkraut
Yamswurzel, Yamswurzelknolle
Yogitee
Ysop
Ziege
Ziegen- und Schafsmilch
Ziegenkäse
Zitronengras
Zitronenmelisse (frisch)
Zitronenmelisse (getrocknet)
Zucker (Staubzucker)

Zucker (weiß, aus Rüben)
Zucker braun
Zucker Fructose Fruchtzucker
Zucker Glukose Traubenzucker
Zucker Kandis weiß
Zucker Melasse
Zucker Milchzucker
Zucker Palmzucker
Zucker Ursüße (Zuckerrohr) süß
Zuckerersatz (Süßstoff)
Zwieback

4.3 Zutaten verwenden: wenig

Ananas (aus der Dose)
Aprikose getrocknet
Austern
Austernpilze
Austernschalenpulver
Avocado
Birne
Blumenkohl (Karfiol)
Buchweizen (geröstet) Kasha
Buchweizen Vollkorn
Butter (halbfett)
Butter Bio
Curry
Datteln getrocknet
Edamer
Entenei
Essig (Apfelessig)
Essig (Rotweinessig)
Essig Aceto Balsamico
Essig Aceto Balsamico weiss
Feige getrocknet
Frischkäse
Frischkäse aus Soja
Frischkäse mit Kräuter
Gänseei
Garam Masala Pulver
Gouda
Hammel
Hefe
Huhn Ei
Huhn Eigelb
Kastanien (Maronen)
Kirschenkompott
Kirschsaft
Kohlrabi
Kokosflocken
Kokosmilch
Kokosnussfleisch
Kokosraspeln

Korinthen (rot)
Korinthen (schwarz)
Kräuterteemischung
Kürbiskernöl
Lachs
Leinöl
Lychee (Konserve)
Mais (geröstet)
Maiskeimöl
Maniokmehl
Marillensaft
Mehrkornbrot (Graubrot)
Mineralwasser
Mohn
Mozzarella
Mungbohnensprossen
Müsli
Nudeln (Vollkorn) mit Ei
Olivenöl
Pfeffer Körner
Pfeffer weiss (gemahlen)
Rapsöl
Reis Reisschleim
Reis Roter
Reis Schwarzer
Reis Vollkorn
Reis Wilder (Naturreis)
Rettich (weiß, grün, lila-rot)
Rettich schwarz
Rosinen
Sahne sauer 10%
Sake
Salz
Salz Kräutersalz
Sauermilch
Sauerrahm 15% Fett
Schimmelkäse
Schwein Fleisch
Senf

Senf Dijon
Senf mittelscharf
Senf süß
Sesam, Schwarzer
Sesam, Weißer
Sesamöl
Sesamöl geröstet
Sojabohnenmilch
Sojamehl
Soja-Nudeln
Sojaöl
Sonnenblumenkerne
Sonnenblumenöl
Taube Ei

Thunfisch
Toastbrot (Vollkorn)
Tomate getrocknet
Trauben rot
Trauben weiß
Traubenkernöl
Vollkornmehl
Wachtel Ei
Walnussöl
Weizen Mehl Vollkorn
Weizen/Roggen Grau- Schwarzbrot mit
Hefe
Weizenkeimöl

4.4 Kontraindikativ wirkende Lebensmittel nicht verwenden

Aal
Aal geräuchert
Adzukibohnen
Ahornsirup
Bier (alkoholarm)
Bier (alkoholfrei)
Bier (Altbier)
Bier (Pils)
Bitterlikör
Blätterteig
Bohnen (grün, frisch)
Bohnenkraut
Bohnenöl
Borretschöl
Boxhornkleesamen
Bratöl
Brie
Buschbohnen
Butterbohnen weiße
Camembert
Campari
Cashewnüsse
Champignon
Chili (Schote oder gemahlen)
Chinakohl
Clementinen
Colagetränk
Colagetränk (kalorienarm)
Creme fraiche
Currypaste rot
Distelöl
Emmentaler
Ente (Frühmastente, schlachtfrisch)
Ente (Herz)
Erbse, grün
Erbsen

Erdnuss (geröstet)
Erdnussbutter
Erdnüsse
Erdnussöl
Essiggurke
Fernet Branca (Kräuterbitterlikör)
Feta
Fisch Innereien
Fischreste
Flohsamen
Forelle (geräuchert)
Gans
Gans (Gänseklein)
Gans (Gänseschmalz)
Gänseblut
Ginsenglikör
Gorgonzola
Grapefruit getrocknete Schale
Grapefruit/Pampelmuse/Pomelo
Grapefruitsaft
Grundrezept für eine Entenbrühe
Gurke
Gurke (bitter)
Gurke (Gewürzgurke)
Hafer Flocken (Vollkorn)
Hafer Schmelzlocken (Babynahrung)
Haselnüsse
Hering
Hirsch Nieren
Honigwein (Met)
Hopfen
Huhn Blut
Huhn Herz
Huhn Leber
Huhn Magen
Ingweröl

Kaffee	Pflaume
Kaninchen Leber	Pflaume getrocknet
Karpfen	Pinienkerne
Kichererbsen	Pintobohnen gesprenkelt
Kirsche	Pistazien
Kirsche (sauer)	Prosecco
Knoblauch	Pumpernickel
Kokosfett	Reineclaude
Kürbiskerne	Reishi
Lamm Leber	Rettich Meerrettich (Kren)
Lamm Nieren	Rind Herz
Lauch (Porree)	Rind Knochenmark
Lauchzwiebel Schnittlauch	Rind Leber
Leinsamen	Rind Lunge (Kalb)
Leinsamen (geschrotet)	Rind Magen
Limabohnen	Rind Niere
Linsen (Helmbohnen)	Roggen
Linsen gelb	Roggen Vollkornbrot
Linsen rot	Rosenkohl
Linsen schwarz	Rotkohl
Lycheelikör	Rotwein
Makrele	Rum
Malzbier	Sahne sauer 20%
Mandelmilch	Sahne sauer 30%
Mandelmus	Sahne, süß 30%
Mandeln	Sardellen/Sardine
Mandeln Marzipan	Saubohnen (Dicke Bohnen)
Marillen	Sauerkirsche
Martini	Sauerkraut
Mayonnaise 50%	Schmelzkäse 30%
Mayonnaise 80%	Schnaps
Mirabelle	Schokolade
Mixed Pickels	Schokolade (Diabetiker)
Morchel (schwarz, getrocknet)	Schwarzaugenbohnen
Mungbohne	Schwarze Bohnen
Nierenbohnen (rote)	Schwarzer Fungu Pilz
Oliven	Schwein Blut
Oliven grün	Schwein Bratwurst
Orange abgeriebene Schale	Schwein Darm
Orange getrocknete Schale	Schwein Fett
Orange Schale	Schwein Haut
Palmöl	Schwein Herz
Paprika	Schwein Hirn
Paprika (Rosenpaprikapulver)	Schwein Leber
Paprika (süß)	Schwein Lunge
Paranuss	Schwein Magen
Parmesan	Schwein Mettwurst
Peperoni	Schwein Nieren
Peperoni, gelb, entkernt, halbiert	Schwein Schinkenspeck
Peperoni, rot, entkernt, halbiert	Schwein Schmalz
Pfeffer Cayenne	Sesam Paste (Tahini)
Pfefferminze	Sherry
Pfefferminztee	Shiitake, getrocknet
Pfifferlinge/Eierschwammerl	Silbermorchel, getrocknet

Soja Cuisine (Soja-Sahne)
Soja Tofu geräuchert
Sojabohne
Sojabohnen, Gelbe
Sojabohnen, Schwarze
Sojabohnen, Schwarze, fermentiert
Sojacreme
Stangenbohnen (Fisolen)
Steinpilz/Herrenpilz
Tabasco
Topfen (Quark) 40%
Trüffel
Umeboshipflaumen (Japanaprikosen)
Vogelmiere
Vollkornbrot
Vollkornbrot mit ganzen Körner
Walnüsse
Walnüsse geröstet
Weiße Bohnen

Weißkohl/Weißkraut
Weißwein
Weizen Bier
Weizenkleie
Wermut
Wirsing/Grünkohl
Ziegen- und Schafsblut
Ziegen- und Schafshirn
Ziegen- und Schafsleber
Ziegen- und Schafsmagen
Zitrone
Zitrone Saft
Zitrone Schale
Zitrone, Limette
Zwetschken
Zwiebel Frühlingszwiebel
Zwiebel rot
Zwiebel Schalotte
Zwiebel weiss

5 Komplementär

5.1 Einreibung

5.1.1 Chili Schoten

Äußerlich als Einreibungen gut gegen rheumatische Erkrankungen, Erkältung, Fieber, Verdauungsschwäche, Übelkeit, Erbrechen, Schmerzen, Depressionen, Verspannungen.
Hohe Dosen können bei längerer Anwendung zu lebensgefährlicher Hypothermie führen, zu akuter Gastritis, Nierenentzündung.
Zubereitungen mit Capsicum reizen auch in geringen Mengen Haut und Schleimhäute und können schmerzhaftes Brennen hervorrufen.

5.2 Heil-Tee (Aufguss)

5.2.1 Rooibos

Antioxidativ, entzündungshemmend, krebshemmend, schützt durch enthaltene Flavonoide, positive Wirkung auch auf Alzheimer, Arteriosklerose. Antiallergisch, hemmt die Histaminausschüttung. Antibakteriell, antiviral, antifungal, entgiftend (basisch).
3-4 Teelöffel Rooibos mit einem Liter kochendem Wasser überbrühen und 6-10 Min. ziehen lassen. Bei weichem Wasser benötigen Sie weniger Tee für die Zubereitung, bei härterem Wasser empfehlen wir eine höhere Dosierung.

5.2.2 Schiefer Schillerporling, Chaga oder Tschaga

Der Extrakte aus den Knollen stimuliert das Immunsystem, wirkt entzündungshemmend und schützen die Leber und die Bauchspeicheldrüse.
Der Chaga zählt, durch seinen hohen Gehalt an Glucanen zu den Substanzen, die in der Lage sind, regulierenden und regenerativen Einfluss auf biochemische Abläufe im Organismus zu nehmen. Dies bedeutet unter anderem, Überfunktionen wie bei einer Allergie oder Psoriasis nach unten und Unterfunktionen, z.B. im Alter, nach oben zu regulieren.

5.3 Kaltauszug (Mazerat)

5.3.1 Sennesblätter

Hilft bei chronischer und akuter Obstipation mit trockenem Stuhl, abdominales Spannungsgefühl, Koliken bei Pankreatitis, Cholezystitis.
1–2 g getrocknete Blätter für Mazerat; 1–2 ml Tinktur.
Nur für den kurzfristigen Gebrauch (1 bis 2 Wochen), da die Wirkung nach einer Latenzzeit von 10–12 Stunden nach der Einnahme eintritt. Vor dem Zu-Bett-Gehen einnehmen.

5.4 Komplementäre Anwendung

5.4.1 Akupunktur

Die Akupunktur gehört zu den Nerven oder Organe regulierenden Therapien.
Traditionelle Chinesische Medizin (TCM) bezeichnet meist eine Auswahl von diagnostischen und therapeutischen Verfahren, die im chinesischen Kulturkreis in vielen Jahrhunderten angewandt wurden.
Das chinesische Wort für Akupunktur besteht aus zwei Teilworten, die die Hauptanwendung der Akupunktur beschreiben, nämlich dem Einstechen der Nadel in die Akupunkturpunkte und dem Erwärmen (Moxibustion) der Punkte. Akupunktur in der Ming-Dynastie (1368–1644). Bibliothèque Nationale, Paris. In der Akupunktur wird die Existenz von 361 Akupunkturpunkten angenommen, die auf den Meridianen angeordnet sind. Demnach gibt es zwölf Hauptmeridiane, die jeweils spiegelverkehrt auf beiden Körperseiten paarig angelegt sind, acht Extrameridiane und eine Reihe von so genannten Extrapunkten. Nach Meinung der Anhänger der Traditionellen Chinesischen Medizin wird durch das Einstechen der Nadeln der Fluss des Qi beeinflusst. Die Akupunktur gehört zu den Umsteuerungs- und Regulationstherapien. Noch älter als die Akupunktur ist die Akupressur. Hier werden die Punkte mit Hilfe der Fingerkuppen massiert. Das Konzept der Ohrakupunktur (auch Auriculotherapie genannt) wurde vom französischen Arzt Paul Nogier entwickelt. 1954 berichtete er erstmals in der Deutschen Zeitschrift für Akupunktur über seine Erfahrungen und 1961 stellte er seine Diagnose- und Therapieform auf einem Akupunkturkongress in Deutschland vor. Die Behandlung über das Ohr ist zwar auch aus der chinesischen Akupunktur bekannt, es werden dort jedoch nur wenige Punkte – und diese auch nur selten – verwendet. Daneben besteht noch das Konzept der koreanischen Handakupunktur, bei der die Meridiane fast komplett auf den Händen

abgebildet sind, sowie das der Schädelakupunktur mit Abbildung der Meridiane auf den Schädel. Ähnliche Vorstellungen stecken auch hinter der Fußakupunktur.

Heutzutage wird immer öfter von der Krankenversicherung die Akupunktur zur Schmerztherapie angeboten. Auch bei Krankenhausaufenthalten kann eine Therapie in Anspruch genommen werden. Die Therapie kann mit Nadeln aber auch sanfter mit Pflaster selbst während der Chemotherapie durchgeführt werden.

5.4.2 Apitherapie

Die Heilwirkung von Honig, Propolis, Blütenpollen, Gelee Royale und Bienengift: Propolis hat starke antibakteriellen, pilzhemmende und antiallergischen Eigenschaften und unterstützt dadurch jeden Heilungsprozess.

Das Heilen mit Bienenprodukten ist eine der ältesten Therapieverfahren. Die Heilwirkung von Honig, Propolis, Blütenpollen, Gelee Royale und Bienengift sind lange bekannt. Propolis hat starke antibakteriellen, pilzhemmende und antiallergischen Eigenschaften und unterstützt dadurch jeden Heilungsprozess. Blütenpollen ist aufgrund seines Reichtums an essenziellen Aminosäuren, sekundären Pflanzenstoffen (u. a. Flavonoide), organisch gebundenen Mineralstoffen und Vitaminen ein wichtiges Mittel zur Stärkung der Abwehrkräfte. Das Wachstum von Krebszellen (Neuroblastom) könnte gehemmt werden. Der Wirkstoff Artepillin C soll die Bildung neuer Blutgefäße im Tumor hemmen, was zum Aushungern und damit zur Schrumpfung führen kann. Heute weiß man, dass die Entstehung bestimmter Krebsarten im Zusammenhang mit Viren steht. In dem Propolis seine antivirale Wirkung entfaltet, kann eine krebsvorbeugende und krebshemmende Wirkung entstehen.

5.4.3 Enzympräparate

Enzyme sind Proteinketten, die biochemische Reaktionen auslösen. Sie könnten Umweltgifte neutralisieren und freien Radikalen, Bakterien, Viren und Pilzen entgegenwirken.

Die Dosierung für eine Therapie und eine Kombination von Präparaten legt der Arzt für jeden Patienten individuell fest.

Bei einer Erkrankung der Bauchspeicheldrüse verschreibt der Arzt Enzympräparate. Hierfür verwendet man Enzyme, die aus der Bauchspeicheldrüse des Hausschweins stammen.

Durch Zufuhr von Enzymkombination geht man davon aus, dass das Immunsystem positiv beeinflusst oder die Entzündungsheilung gegebenenfalls beschleunigt wird.

Die Einnahme von Enzympräparaten löst manchmal allergische

Reaktionen aus. In einigen Fällen tritt eine Verdauungsstörung in Form von Blähungen, Übelkeit, Bauchschmerzen, Erbrechen und Durchfall auf. Keine Enzymtherapie während der Schwangerschaft.

5.4.4 Hyperthermie

Künstlich erzeugte Temperaturerhöhung in Organen.
Die künstlich erzeugte Temperaturerhöhung (Therapeutische Hyperthermie oder Onkothermie) wird zur Behandlung einiger Krebserkrankungen angewendet. Dabei werden entweder der gesamte Körper oder einzelne Bereiche des Körpers durch Wärmestrahlung erwärmt (Mikro- oder Radiowellen, bzw. durch Infrarotstrahler). Sie wird meistens mit Strahlen- oder Chemotherapie kombiniert. In der Behandlung von Krebserkrankungen wird sie vor allem dann eingesetzt, wenn andere Verfahren (Operation, Strahlentherapie, Chemotherapie) keinen ausreichenden Erfolg mehr versprechen, das heißt, wenn die Patienten austherapiert sind. Interesse ist dabei allgemeine Leistungssteigerung und die Steigerung der Immunabwehr welches als Ergänzung von Krebstherapien hilfreich ist. Computergesteuert werden Radiowellen in Tumorbereiche gebündelt, und es erfolgt eine Erwärmung auf 42 bis maximal 44 °C. Die Temperatur wird für ca. 60 bis 90 Minuten aufrechterhalten. Es wurde festgestellt, dass die Zytostatika bei einer Chemotherapie bei Temperaturen über 40 °C deutlich aggressiver wirken als bei normaler Körpertemperatur. Durch Überhitzung geschädigte Tumorzellen können leichter durch eine Strahlentherapie bekämpft werden, weil ihre Reparaturfähigkeiten herabgesetzt sind.
Untersuchungen haben weiterhin ergeben, dass Krebszellen bei einer Erwärmung auf ca. 42 °C im Gegensatz zu gesundem Gewebe besonders geartete Eiweißstrukturen auf ihrer Oberfläche bilden. Diese Eiweißstrukturen (Hitzeschockproteine), werden meistens vom Abwehrsystem als körperfremd erkannt, so dass die Krebszellen vom Abwehrsystem des Körpers zerstört werden können. Bei Temperaturen bis 46 °C innerhalb des Tumors kann die Wirkung einer gleichzeitig angewandten Strahlen- oder Chemotherapie verstärkt werden. Die Wärme beeinträchtigt aber auch Proteine, die dafür verantwortlich sind, dass chemoresistente Tumorzellen die für Diese schädlichen Zytostatika aus den Zellen wieder herausschleusen können. Fallen diese Ausschleusesysteme durch Wärmeeinwirkung aus, sterben selbst chemoresistente Tumorzellen, weil die Wirkstoffe weiterhin in den Zellen verbleiben.

5.4.5 Klangschalentherapie

Durch Klangwellen, die beim Anschlagen einer Klangschale entstehen, lernen die Betroffenen, sich wieder zu entspannen.

Viele Krebs-Patienten leiden vor allem psychisch unter ihrer Erkrankung. Sie können sich nicht mehr richtig entspannen und haben große Angst. Ihnen kann die Klangschalentherapie helfen. Durch Klangwellen, die beim Anschlagen einer Klangschale entstehen, lernen die Betroffenen, sich wieder zu entspannen. Durch die tiefe Entspannung können aber auch Entscheidungen oder Erkenntnisse besser wahrgenommen werden welche einer erfolgreichen Krebstherapie helfen. Die Therapeuten können zu speziellen Fragestellungen motivieren und dann die Patienten in die Entspannung führen. Im Zustand dieser tiefen Entspannung können die Gedanken dann um so ein Thema kreisen gelassen werden und so eine Verarbeitung von Erfahrungen leichter bewältigt werden.

5.4.6 Lichttherapie

Lichttherapie ist eine komplementäre und schonende Behandlung gegen saisonale Depressionen.

Heute gibt es mit der Lichttherapie, ein komplementäre und schonende Behandlung gegen saisonale Depressionen. Die meisten Patienten fühlen sich bereits nach wenigen Anwendungen wesentlich besser und ein überwältigend hoher Prozentsatz kann sogar dauerhaft vom sogenannten SAD-Syndrom (Erschöpfungssyndrom) geheilt werden. Speziell bei chronischen Erkrankungen können die positiven Wirkungen auf die Psyche stimulieren und so einen Heilerfolg unterstützen.

Eine punktuelle Lichttherapie kann bei Hautkrebs oder im Bereich von Mund und Rachentumoren eingesetzt werden. Dabei wird zunächst eine lichtempfindliche Substanz verabreicht und danach mit speziellen Lichtfrequenzen bestrahlt. Bei der Bestrahlung bilden sich aus den lichtempfindlichen Substanzen aggressive Sauerstoff Moleküle, welche die Tumorzellen direkt abtöten oder zum Verschluss von Blutgefäßen führen, wodurch ebenfalls Tumorzellen abgetötet werden. Das gesunde Gewebe in der Umgebung wird weitestgehend geschont.

5.5 Speisezugabe

5.5.1 Gelbwurz (Kurkuma)

Fördert die Entleerung der Gallenwege, gut gegen Magen-Darmbeschwerden. Antioxidativ, antiviral, antibakteriell und entzündungshemmend.

Für eine tägliche, dauerhafte Einnahme, kann Kurkuma zu Kartoffelpüree, Milchspeisen, Suppen oder Soßen beigemengt werden.

Wirkstoffe: äth. Öl, Bitterstoffe, Curcumin, Stärke

Gelbwurz oder Tumeric - Hat beeindruckende Erfolge bei der Behandlung von Karzinogenen und Mutagenen bei Labortieren erzielt. Konzentrierter Gelbwurz zeigte ein Vermehrung der Glutathion S-Transferase-Enzyme, die für das Leben und die Leberentgiftung von wesentlicher Bedeutung sind.
Medizinische Anwendungen: Amenorrhoea, Blutarmut, Arthritis, Asthma, Blutgerinnsel, Krebs, Candida, Katarrh, aufbauend, Husten, Ruhr, Dysmenorrhöe, Ekzeme, Winde, Gallenblasen-Erkrankungen, Gallensteine, Gastritis, Herzleiden, Hepatitis, zu hohem Cholesterinspiegel, Verdauungsstörungen, reizbarem Darm, Gelbsucht, Leberentgiftung, Schutz der Leber, Übelkeit, Fettleibigkeit, Rachenkatarrh, Hautkrankheiten, einschließlich parasitischer Hautinfektionen, Traumata, Harnwegskrankheiten, Tumore an der Gebärmutter.
Eigenschaften: Alterativ, schmerzlindernd, antibiotisch, anti-koagulant (hemmt Blutgerinnung) antifungal, entzündungshemmend, antioxidierend, antiseptisch, aromatisch, adstringierend, galletreibend, kreislaufanregend, verdauungsfördernd, den Eintritt der Monatsblutung förderndes Mittel, leberstärkend, Stimulans, unterstützt die Wundheilung.
Bei Verschluss der Gallenwege oder Gallensteinen sollte man auf Kurkuma verzichten.

5.6 Verschiedene Möglichkeiten

5.6.1 Mariendistel

Gut gegen Koliken, Krämpfe, Schmerzen im Oberbauch, Obstipation, Leberzirrhose, Fettleber, Pankreaserkrankungen.
Ein wichtiges Lebermittel in der westlichen Naturheilkunde, besonders zur Entgiftung und als Antitoxin. Selten als Teedroge verwendet, da wichtige (antitoxische) Inhaltsstoffe schlecht wasserlöslich sind.
Kann leicht laxierend wirken.

6 Grundlagen der Ernährung

Die hier beschriebenen Grundlagen der Ernährung zeigen allgemeine Empfehlungen und beziehen sich nicht auf eine spezielle Therapieform. Die Empfehlungen der Therapie haben Vorrang.

6.1 Ernährung

Die regelmäßige Einnahme von Mahlzeiten in entspannter Atmosphäre. Ein wärmendes Frühstück gilt als guter Start in den Tag. Mittags sollte die Hauptmahlzeit stattfinden - das Abendessen am frühen Abend.

Die Beachtung von Hunger- und Sättigungsgefühlen: Nicht überessen und nicht hungern, so lautet die Regel.

Die frische Zubereitung der Speisen aus naturbelassenen, regionalen Produkten. Tiefgekühlte, hitzekonservierte, industriell vorgefertigte oder mikrowellengegarte Lebensmittel werden gemieden.

Die Auswahl von Lebensmittel nach der Jahreszeit: Im Sommer mehr kühlende Nahrung, im Winter mehr wärmende Nahrung.

Mindestens zweimal am Tag Gekochtes essen. Speisen und Getränke sollen möglichst handwarm, niemals eiskalt oder heiß sein.

Rohkost, kurz gegartes Gemüse, frisch gepresste Säfte und Mineralwasser werden üblicherweise nicht empfohlen. Milch und Milchprodukte stehen nur dann auf dem Speiseplan, wenn sie problemlos vertragen werden.

Therapeutische Rezepte nicht über einen längeren Zeitraum ohne Rücksprache mit dem Arzt oder Therapeuten einnehmen.

1. Vielseitig essen
Lebensmittelvielfalt genießen. Merkmale einer ausgewogenen Ernährung sind abwechslungsreiche Auswahl, geeignete Kombination und angemessene Menge nährstoffreicher und energiearmer Lebensmittel. (Einerseits Schutz vor Unterversorgung mit essentiellen Nährstoffen und andererseits Schutz vor einer überhöhten Zufuhr unerwünschter Inhaltsstoffe.)

2. Reichlich Getreideprodukte - und Kartoffeln
Brot, Nudeln, Reis, Getreideflocken (am besten aus Vollkorn), sowie

Kartoffeln enthalten kaum Fett, aber reichlich Vitamine, Mineralstoffe, Spurenelemente sowie Ballaststoffe und sekundäre Pflanzenstoffe. Diese Lebensmittel sollten mit möglichst fettarmen Zutaten verzehrt werden.

3. Gemüse und Obst - Nimm "5" am Tag ...

5 Portionen Gemüse und Obst am Tag, möglichst frisch, nur kurz gegart, oder auch eine Portion als Saft – idealerweise zu jeder Hauptmahlzeit und auch als Zwischenmahlzeit: Damit werden reichlich Vitamine, Mineralstoffe sowie Ballaststoffe und sekundären Pflanzenstoffe (z.B. Carotinoiden, Flavonoiden) zugeführt. Das Beste, was man für die eigene Gesundheit tun kann.

4. Täglich Milch und Milchprodukte, ein- bis zweimal in der Woche

Fisch; Fleisch, Wurstwaren sowie Eier in Maßen. Diese Lebensmittel enthalten wertvolle Nährstoffe, wie z.B. Calcium in Milch, Jod, Selen und Omega-3-Fettsäuren in Seefisch. Fleisch ist wegen des hohen Beitrags an verfügbarem Eisen und an den Vitaminen B1, B6 und B12 vorteilhaft. Mengen von 300 - 600 g Fleisch und Wurst pro Woche reichen hierfür aus. Fettarme Produkte bevorzugen, vor allem bei Fleischerzeugnissen und Milchprodukten.

5. Wenig Fett und fettreiche Lebensmittel

Fett liefert lebensnotwendige (essenzielle) Fettsäuren und fetthaltige Lebensmittel enthalten auch fettlösliche Vitamine. Fett ist besonders energiereich, daher kann zu viel Nahrungsfett Übergewicht fördern, möglicherweise auch Krebs. Zu viele gesättigte Fettsäuren fördern langfristig die Entstehung von Herz-Kreislauf-Krankheiten. Pflanzliche Öle und Fette bevorzugen (z.B. Raps-, Oliven- und Sojaöl und daraus hergestellte Streichfette). Auf unsichtbares Fett achten, das in Fleischerzeugnissen, Milchprodukten, Gebäck und Süßwaren sowie in Fast-Food- und Fertigprodukten meist enthalten ist. Insgesamt 70 - 90 Gramm Fett pro Tag reichen aus.

6. Zucker und Salz in Maßen

Nur gelegentlich Zucker und Lebensmittel, bzw. Getränke verzehren, die mit verschiedenen Zuckerarten (z.B. Glucose Sirup) hergestellt wurden. Kreativ mit Kräutern und Gewürzen und wenig Salz würzen. Jodiertes Speisesalz bevorzugen.

7. Reichlich Flüssigkeit

Wasser ist absolut lebensnotwendig. Jeden Tag rund 1-2 Liter Flüssigkeit trinken. Wasser (ohne oder mit Kohlensäure) und andere kalorienarme Getränke bevorzugen. Alkoholische Getränke sollten nicht konsumiert werden.

8. Schmackhaft und schonend zubereiten
Die jeweiligen Speisen bei möglichst niedrigen Temperaturen garen, soweit es geht kurz, mit wenig Wasser und wenig Fett - das erhält den natürlichen Geschmack, schont die Nährstoffe und verhindert die Bildung schädlicher Verbindungen.

9. Sich Zeit nehmen und das Essen genießen
Bewusstes Essen hilft, richtig zu essen. Auch das Auge isst mit. Sich beim Essen Zeit lassen. Das macht Spaß, regt an, vielseitig zuzugreifen und fördert das Sättigungsempfinden.

10. Auf das Gewicht achten und in Bewegung
Ausgewogene Ernährung, viel körperliche Bewegung und Sport (30 bis 60 Minuten pro Tag) gehören zusammen. Mit dem richtigen Körpergewicht fühlt man sich wohl und fördert die Gesundheit.
Thermik, Wirkrichtung, Verdauungskraft
Es gibt unterschiedliche Kriterien, die Wirksamkeit von Kräutern und Lebensmittel zu beurteilen. Der Einsatz der Kräuter und Zutaten basiert auf Beobachtung, was die Lebensmittel, Kräuter und Gewürze nach ihrem Verzehr im Körper bewirken. In der Medizin hat sich daraus folgendes System entwickelt: Jede Zutat oder Kraut hat eine Wirkrichtung. Außerdem gibt es noch Kräuter, die eine besondere Wirkung auf bestimmte Organe haben.

Voraussetzung für einen gesunden Stoffwechsel ist es, darauf zu achten, dass wir ausreichend Energie aus der Nahrung gewinnen und der Verdauungsprozess so wenig Energie wie möglich verbraucht. Eine bekömmliche Mahlzeit macht zufrieden und satt, verursacht keine Blähungen und keine Müdigkeit nach dem Essen. Richtiges Würzen erhöht die Bekömmlichkeit unserer Speisen. Es genügen oft schon geringe Mengen an Kräutern und Gewürzen. Sie dienen nicht dazu, uns satt zu machen, sondern helfen unseren Verdauungsorganen, die Nahrung zu verdauen.

6.2 Rezepte

Die Rezepte zeigen Ihnen welche Zutaten verwendet werden sowie mit der Kochanleitung wie diese zubereitet werden. Bei den Zutaten wird neben den Mengenangaben auch die Wichtigkeit für die Therapie angezeigt. Wenn dabei angezeigt wird "weniger als angegeben" versuchen Sie diese Empfehlung einzuhalten oder eine Alternative aus der Liste der "Empfohlenen Lebensmittel" zu finden. Meistens ist es nur eine leichte geschmackliche Änderung wenn Sie diese Zutat gänzlich weglassen.

Schonende Kochmethoden: Kochen, dämpfen, pochieren, dünsten
Scharfe Kochmethoden: Grillen, rösten, anbraten, räuchern
Ausgeglichene Kochmethoden: Frittieren, Römertopf

Auf das Einfrieren und erwärmen in der Mikrowelle sollte verzichtet werden (Denaturierung).

6.3   Lebensmittel

Lebensmittel wirken wie Heilkräuter auf Körper und Geist, nur wesentlich sanfter. Die Ernährungsberatung stützt sich hauptsächlich auf heimische Lebensmittel. Das Wissen über die Wirkungsweisen jedes einzelnen Lebensmittels und das Wissen wann welche Lebensmittel zur Anwendung kommen, entstammt der Schulmedizin. Verwende Sie möglichst Erzeugnisse aus ökologischen-biologischem Landbau.

Da wegen der besseren Verdaulichkeit grundsätzlich alles lange gekocht und kaum roh gegessen wird, ist die Verträglichkeit hervorragend.

Die Einteilung der Lebensmittel entsprechend ihrer Wirkung auf den Körper und bildet die Basis, um einen ausgewogenen und harmonischen Gesundheitszustand im Körper zu erreichen.

Grundsätzlich empfiehlt die Ernährungsberatung keine bestimmten Lebensmittel für Jedermann. Ausschlaggebend für den individuellen Speiseplan ist vor allem die persönliche Konstitution.

Kaufen Sie nur frisches und reifes Obst und Gemüse ein. Braune Stellen, welke Blätter aber auch unreifes Obst und Gemüse sollten Sie im Supermarkt zurücklassen. Greifen Sie dann zu Tiefkühlware (keine Fertiggerichte!). Tiefkühlobst und -gemüse werden kurz nach dem Ernten schockgefroren und enthalten deshalb oftmals mehr Vitamine und Mineralstoffe, als die Ware aus der Obst- und Gemüsetheke! Konserven- und Dosenware dagegen enthält wesentlich weniger Biostoffe. Zudem werden Letztere meist mit Salz, Zucker usw. angereichert. Lassen Sie die Zutaten nach dem Waschen nie im Wasser liegen, denn so gehen viele Vitalstoffe ins Wasser über! Putzen Sie Salate, Früchte und Gemüse erst unmittelbar vor Verzehr.

Beachten Sie bitte die hygienische Verarbeitung der Lebensmittel. Waschen Sie Ihre Salate, Früchte und Gemüse gründlich. Bei Gerichten mit Fleisch bereiten Sie zuerst die Zutaten vor und verarbeiten dann die Fleischprodukte. Reinigen Sie danach die Arbeitsflächen und Werkzeuge besonders gründlich. Holzunterlagen sollten regelmäßig mit leichtem Desinfektionsmittel behandelt werden um die Keimbildung einzuschränken.

Bewahren Sie Obst und Gemüse möglichst getrennt voneinander auf. Auch geerntete Früchte und Gemüse leben und strömen z.B. Ethylengas aus, das andere Sorten schneller reifen und altern lässt. Fleisch und Fisch in der verschlossenen Verpackung lassen oder in luftdichten Boxen im Kühlschrank aufbewahren.

6.4 Kräuter

Bei der Aufbewahrung und Lagerung von Heilkräutern, müssen gewisse Grundregeln beachtet werden. Grundsätzlich müssen Heilkräuter geschützt vor direkter Sonneneinstrahlung, vor Feuchtigkeit und vor heißen Temperaturen gelagert werden.

Als Gefäße für die Lagerung von Heilkräutern können Gläser, Keramik-Behälter und zur Not auch Plastik-Dosen eingesetzt werden. Plastik ist aber ein sehr unreines Material und sollte daher wirklich nur eine kurzfristige Notlösung sein. Bei Glasbehältern ist darauf zu achten, dass dunkles Glas verwendet wird.

Heilkräuter können nicht beliebig lange aufbewahrt werden. Die Haltbarkeit von Heilkräutern ist auf jeden Fall begrenzt. Durch die Haltbarkeitsdauer kann durch sachgerechte Lagerung wesentlich erhöht werden. So soll der Lagerplatz dunkel, eher kühl und absolut trocken sein. Ein Medizinschrank aus Holz, der nicht direkt bei einer Wärmequelle platziert ist wäre ideal. Um Ihre Heilkräuter nicht wegwerfen zu müssen, kaufen Sie nicht zu große Mengen an Heilpflanzen. Beschriften Sie die Behälter mit dem Namen des Heilkrauts und dem Datum der Ernte bzw. der Verarbeitung.

7 Weitere Ernährungsvorschläge

Folgende Syndrome der Diätetik, der TCM oder als Therapieergänzung bei Krebs sind verfügbar.

DIÄTETIK

1. Ernährung des Säuglings - Beikost
2. Ernährung in der Stillzeit
3. Ernährung im Alter
4. Ernährung von Kindern und Jugendlichen
5. Ernährung von Sportlern
6. Leichte Vollkost
7. Schwangerschaft
8. Vollkost

Eiweiß und Elektrolyt – Nieren
9. (Hämo-)Dialysebehandlung
10. Akutes Nierenversagen
11. Chronische Niereninsuffizienz
12. Nephrotisches Syndrom
13. Nierensteine (Nephrolithiasis)

Gastrointestinaltrakt - Bauchspeicheldrüse
14. Akute Pankreatitis (Entzündung der Bauchspeicheldrüse)
15. Chronische Pankreatitis (Entzündung der Bauchspeicheldrüse)

Gastrointestinaltrakt - Dünndarm und Dickdarm
16. Akute Obstipation (Verstopfung)
17. Chronische Obstipation (Verstopfung)
18. Colon irritabile
19. Divertikulitis
20. Erworbene Laktoseintoleranz (Laktosemalabsorption)
21. Fruktosemalabsorption
22. Glutensensitive Enteropathie (Zöliakie)
23. Kolektomie
24. Kurzdarmsyndrom

Gastrointestinaltrakt - Leber, Gallenblase, Gallenwege
25. Akute und chronische Hepatitis (Entzündung der Leber)
26. Cholelithiasis (Gallensteine)
27. Fettleber
28. Leberzirrhose

Gastrointestinaltrakt - Magen und Zwölffingerdarm
29. Akute Gastritis
30. Chronische Gastritis
31. Magenblutung
32. Ulcus ventriculi und Ulcus duodeni
33. Zustand nach Magenoperation

Gastrointestinaltrakt - Mundhöhle und Speiseröhre
34. Mundschleimhautentzündung
35. Ösophaguskarzinom (Speiseröhrenkrebs)
36. Reflüxösophagitis (Sodbrennen)

spezielle Krankheiten
37. Phenylketonurie (PKU)
38. Rheumatische Gelenkserkrankungen

Stoffwechsel
39. Adipositas (Übergewicht)
40. Diabetes mellitus
41. Essstörungen (Untergewicht)
Fettstoffwechsel
42. Hypercholesterinämie (erhöhter Cholesterinspiegel)
43. Hepatische Enzephalopathie
Herz- und Kreislauf
44. Arteriosklerose (Arterienverkalkung)
45. Herzinsuffizienz
46. Hypertonie (Bluthochdruck)
47. Hyperurikämie und Gicht
veränderter Nährstoffbedarf
48. bei Fieber
49. bei malignen Erkrankungen
50. nach Verbrennungen
51. Strahlen- und Chemotherapie

KREBS
100. Bauchspeicheldrüse
101. Blasenkrebs
102. Blutkrebs (Leukämie)
103. Brustkrebs
104. Darmkrebs
105. Magenkrebs
106. Nierenkrebs
107. Speiseröhrenkrebs

TCM
200. Blase - Feuchte Hitze in der Blase
201. Blase - Feuchtigkeit und Kälte in der Blase
202. Blase - Leere und Kälte in der Blase
203. Dickdarm - äussere Kälte befällt den Dickdarm
204. Dickdarm - Feuchte Hitze im Dickdarm
205. Dickdarm - Hitze blockiert den Dickdarm II akut
206. Dickdarm - Trockenheit des Dickdarms
207. Dickdarm - Yang Mangel (Kälte)
208. Herz - Blut Mangel
209. Herz - Blut Stagnation
210. Herz - Feuer
211. Herz - Heisser Schleim verstopft die Herzporen
212. Herz - Kalter Schleim verstopft die Herzporen
213. Herz - Qi Mangel
214. Herz - Yang Mangel
215. Herz - Yin Mangel
216. Leber - aufsteigender Leber-Yang
217. Leber - Blut-Mangel
218. Leber - Blut-Stagnation
219. Leber - feuchte Hitze in Leber und Gallenblase
220. Leber - Feuer
221. Leber - Gallenblase Qi-Leere
222. Leber - Kälte im Lebermeridian
223. Leber - Qi-Stagnation

224. Leber - Wind
225. Leber - Wind mit aufsteigendem Leber Yang
226. Leber - Wind mit Blutleere
227. Leber - Wind mit extremer Hitze
228. Lunge - Qi Mangel
229. Lunge - Schleim-Feuchtigkeit in der Lunge
230. Lunge - Schleim-Hitze in der Lunge
231. Lunge - Schleim-Kälte in der Lunge
232. Lunge - Trockenheit der Lunge
233. Lunge - Wind-Hitze befällt die Lunge
234. Lunge - Wind-Kälte befällt die Lunge
235. Lunge - Yin Mangel
236. Magen - Blutstagnation
237. Magen - Feuer
238. Magen - Magenkälte mit Flüssigkeit
239. Magen - Nahrungsstagnation
240. Magen - Qi Mangel
241. Magen - rebellierendes Magen Qi
242. Magen - Yin Leere
243. Milz - Hitze und Feuchtigkeit befällt die Milz
244. Milz - Kälte und Feuchtigkeit befällt die Milz
245. Milz - Qi Mangel
246. Milz - Qi Mangel + Absinkendes MilzQi
247. Milz - Qi Mangel + Milz kontrolliert das Blut nicht
248. Milz - Yang Mangel
249. Niere - Herz und Niere kommunizieren nicht mehr
250. Niere - Jing Mangel
251. Niere - Nieren können das Qi nicht empfangen
252. Niere - Qi ist nicht fest
253. Niere - Yang Mangel
254. Niere - Yin Mangel